GEHEIMNISVOLLES
■ SÜDTIROL

Umschlagbild: Ein Kobold, ein Zauberwesen mit Händen wie Palmwedel, ist das Männchen an der Tür der Pfarrkirche von Burgeis im Vinschgau.

Die Drucklegung dieses Buches
wurde durch die Unterstützung
der Kulturabteilung der Südtiroler
Landesregierung in Zusammenarbeit
mit dem Südtiroler Kulturinstitut
ermöglicht.

2002
Alle Rechte vorbehalten
© by Verlagsanstalt Athesia Ges. m. b. H., Bozen
Fotos: Karl Gruber
Texte: Hans Grießmair
Gestaltung & Layout: Ulrike Teutsch/Athesiagrafik und Karl Gruber
Umschlaggestaltung: Renate Felderer/Athesiagrafik
Gesamtherstellung: Athesiadruck, Bozen
ISBN 88-8266-143-1

www.athesiabuch.it
buchverlag@athesia.it

GEHEIMNISVOLLES SÜDTIROL

KARL GRUBER · HANS GRIESSMAIR

VERLAGSANSTALT ATHESIA | BOZEN

INHALTSÜBERSICHT

7
Vorwort

8
Einleitung

16

Heilige Berge

36

Höhlen

108

Heilige Steine

132

Tiere und Pflanzen

48

Orte der Kraft

84

Heilige Wasser, Quellen,
Seen und Brunnen

146

Wilde, Hexen und Salige

158

Bräuche

Regenbogen über Kiens, Pfalzen und Ehrenburg

In der griechischen Mythologie ist Iris (Regenbogen) die Götterbotin, bei anderen ist der Regenbogen ein Ring, eine Brücke zwischen Himmel und Erde, in der Bibel Zeichen des Gottesbundes, und in der Kunst umgibt er als Zeichen der sieben Gnadengaben das Bildnis Christi in der Gloriole. Der Regenbogen, dieses siebenfarbige, prachtvolle Schauspiel ist physikalisch leicht erklärt und bleibt trotzdem ein Wunder, weil er nur in unseren Augen existiert. So steht der Regenbogen gleichnishaft zu Beginn dieser Bilder-Reise.

VORWORT

In diesem Buch werden in zahlreichen Bildern Einblicke geboten, die neu oder zumindest nicht allgemein bekannt sind. Dabei ist der Blick vorwiegend auf die mythologische Landschaft gerichtet, auf das Numinose in unserer heimatlichen Welt.

Nicht ganz zufällig erscheint das Buch im Internationalen Jahr der Berge, die ja unser Land prägen und in unserem Leben allgegenwärtig sind. Die Berge stehen auch im Mittelpunkt dieser Veröffentlichung. Es geht aber auch um Höhlen, Steine, Seen und Quellen, um in Stein gebannte Monster und Dämonen, um Tiere und Pflanzen und nicht zuletzt um Bräuche.

Vieles, was uns zwar alltäglich begegnet, bekannt und vertraut scheint, erweist sich bei näherem Hinsehen als gar nicht so eindeutig und geklärt, sondern gibt uns Rätsel auf, wird geheimnisvoll.

Das Vorliegende ist nun ein Streifzug durch unser Land, wobei es ja links und rechts dieses Pfades und allenthalben noch vieles und auch Wichtigeres gibt, das hier weder abgebildet noch mit einem Wort erwähnt ist.

Für Hinweise und auch die Erlaubnis, Fotoaufnahmen zu machen und diese hier zu veröffentlichen, wird ausdrücklich, wenn auch ohne Namensnennung, gedankt.

Vor allem möchte das Buch darauf verweisen, dass hinter vielen äußeren Erscheinungsformen ein tieferer Sinn verborgen liegt. Es geht nicht um das »Ent-Decken«, sondern höchstens darum, hinter den Schleiern etwas von diesem tieferen Sinn zu erahnen. Die Spur führt uns in ferne Vergangenheit zurück, in andere Glaubens- und Denkweisen und im Zeichen der in den Himmel ragenden Berge über die Berge hinaus.

Karl Gruber
Hans Grießmair

EINLEITUNG

»Nichts kann schöner sein als das Wunderbare. Wer da ohne Empfindung bleibt, wer nicht das tiefe Erzittern der verzauberten Seele kennt, der könnte ebenso gut tot sein; er hat schon geschlossene Augen.«

ALBERT EINSTEIN

Es ist dem Menschen eigen, ein Stück Welt nicht nur zu bewohnen, sondern auch geistig zu gestalten. Das geht nur in langen Jahren, wenn nicht in Jahrhunderten, bis sich aus den Erfahrungen der Begegnung mit der Natur Mythen und Sagen bilden. Es ist unbestritten, dass dieses Wissen um die mythologische Landschaft Vertrautsein bedeutet und damit einen Baustein für das Heimatbewusstsein darstellt. In den Religionen der Völker wird zu allen Zeiten der Wunsch der Menschen sichtbar, die Welt, die sichtbare und unsichtbare, zu heiligen. Auch das Profane kann dann heilig sein, ein Berg, ein Stein, ein Baum, aber eben nur darum, weil sich dahinter das Heilige zeigt und offenbart.

Für den aufgeklärten Menschen einer entheiligten Welt ist es schwer nachzuvollziehen, was den Vorfahren heilig oder auch nur

Klausen: Johannserhof und Kloster Säben. Die Kapelle des Sonnenburger Weinhofes steht an der Stelle der alten, dem heiligen Thomas Becket geweihten Kirche.

Terlan-Siebeneich:
St. Kosmas und Damian
mit Ruine Greifenstein

geheimnisvoll war. Voraussetzung für die Erfahrung des Numinosen ist die Kenntnis und geistige Inbesitznahme einer Landschaft, die zur Heimat im eigentlichen Sinn geworden ist.

Nicht nur die Mobilität in den heutigen Zeiten trägt zum Schwinden dieser landschaftsgebundenen Kenntnisse bei, auch die Aufklärung tut das Ihre. Trotz allem gibt es noch zahlreiche Punkte in unserer heimischen Welt, Berge, Höhlen und Gewässer, Pflanzen, Tiere, Bräuche und von Menschenhand geschaffene Gestalten, die Träger oder Ausdruck von alten Mythen und Meinungen sind.

Jedes Denken ist zugleich auch ein Erinnern. In alter Zeit war der Mensch dem Mythos, dem Erinnern an die Erschaffung der Welt, noch sehr nahe. Kultur und Religion waren damals noch eins. Erst im Fortschreiten des Zivilisationsprozesses wurde der Mythos allmählich aus dem Leben gedrängt.

Das Numinose, das Göttliche und Heilige, wurde in den verschiedensten Gestalten und Erscheinungsformen verehrt: die Berggottheit im Berg, die Baumgottheit im Baum.

Wenn das Numinose in der Natur nicht mehr erscheinen kann, wird die Natur entmythisiert und entgöttlicht, die Welt wird entzaubert oder säkularisiert.

Auch der Gott der großen monotheistischen Religionen, der außerhalb von Raum und Zeit wirkt und lebt, ist ein Ergebnis dieser Säkularisierung. Demnach sind Welt und Natur Schöpfung, nicht mehr aber Erscheinungsform und Gefäß der Gottheit.

Die Alten müssen wohl ein nun weitgehend verlorenes Wissen besessen haben über heilige Orte, Bäume und Quellen, über die Kräfte, die dort wohnen und walten. In diesen Orten der Kraft wurden die Menschen in das Heil miteinbezogen. An solchen Stellen entstanden dann Heiligtümer, von der unsere Kultur- und Sakrallandschaft Zeugnis gibt. In manchen Kirchen ist noch etwas vorhanden, was an den Ursprung der Heiligkeit gerade auch dieses Ortes erinnert, sei es eine Quelle oder ein Felsen. Kirchen auf Anhöhen, in Höhlen oder an Wegkreuzungen lassen auf ein Heiligtum aus vorchristlicher Zeit schließen. Oft erfolgte die Umwandlung fast wie eine Zwangstaufe, was aber zugleich auch die einzig mögliche Rettung der heiligen Stätte bedeutete.

[1] Bergpanorama in Buchenstein

[2] Blick von Mölten ins Überetsch (Matschatsch)

[3] Der heilige Bezirk von Tötschling mit den Kirchen St. Johann und St. Nikolaus *auf der Platte*

Die Zugänge zu den wesentlichen Zusammenhängen sind uns heutigen Menschen allerdings verschüttet. Das einstige Erbgut der menschlichen Seele, das Numinose in der Landschaft zu erahnen, ist verbraucht und kümmert nur noch in traurigen Spuren dahin. Berge, Bäume, Quellen sind nun nicht mehr Zugänge zum Heiligen, denn die Mächte wie Sonne, Feuer oder Blitz treten uns nur noch als gefesselte, gezähmte Kräfte entgegen.

Wann und in welchen Zeiträumen die Erfahrung von heiligen Stätten und Orten der Kraft entstanden sein mag, lässt sich nicht ergründen. Wie kommt es, dass ein Berg, eine Quelle als etwas Besonderes erfahren wird?

Manche alten Heiligtümer wie z. B. die Stonehenge sind auf die Gestirne ausgerichtet. Es gibt Kirchen, in denen an einem bestimmten Tag im Jahr die Sonnenstrahlen auf den Altar fallen, wie z. B. in St. Peter bei Aufkirchen.

In der gelehrten und dichterischen Literatur und auch in der bildenden Kunst des ganzen Mittelalters wimmelt es von Dämonen und Monstern. In der romanischen Plastik werden häufig Köpfe von Dämonen als Träger von Konsolen verwendet zum Zeichen der Unterwerfung, so z. B. beim Triumphkreuz im Dom zu Innichen, wo Christus seinen Fuß auf den Kopf eines Heiden von mongolischem Aussehen setzt.

Bannende Kraft hat auch das Darstellen ineinander verschlungener Drachenköpfe und sonstiges Getier wie auf der Decke im Jöchlsturm von Sterzing oder im Knotenband der gotischen Balkendecke in der Gerichtsstube von Niederdorf.

Die Drachenköpfe der romanischen und gotischen Bauplastik finden eine Fortsetzung im Bundwerk der Bauernhäuser, wo solche Schnitzwerke häufig anzutreffen sind, möglicherweise bereits nur als Zier.

»Zu was …«, fragt schon Bernhard von Clairvaux († 1153) den Abt Wilhelm, »zu was denn die vielen Tiergestalten an der Kirche von Cluny da seien«; »zu was«, fragt auch so mancher heutige Mensch, er fragt nach der Botschaft so mancher Dinge und Erscheinungen. Der Mensch braucht Symbole, er belegt Erscheinungsformen mit einem bestimmten Sinn.

Denkformen aus alten und ältesten Zeiten wurden im Lauf des Mittelalters in der bildenden Kunst und in der Dichtung umgewandelt und neu angeeignet. Alte Kulte wurden besonders in der überaus anpassungsfähigen Tätigkeit der Missionare in fränkisch-karolingischer Zeit neu besetzt. Michael löste Wodan ab, an die Stelle heidnischer Tempel traten christliche Kirchenräume, die antiken Bilder standen nun im Dienst einer allegorischen Auslegung. Der altdeutsche Physiologus (11./12. Jahrhundert) und das Buch der Natur des Konrad von Megenberg (14. Jahrhundert) taten noch ein Übriges, um Sirenen und allerlei Getier und Mischwesen den Betrachtern vor Augen zu führen.

Die erlebte und erfahrene Welt muss auch gedeutet werden. Naturkräfte werden durch Sagen erklärt, Felsen, Steine, Höhlen mit Teufel und dämonischen Wesen in Verbindung gebracht. Die Sagen sind Ergebnis von Träumen und Ängsten. Auf der Suche nach Erklärungen gibt es kaum Grenzen. Eine Rippe des Narwals, als Erinnerungsstück von einem Pilger nach Innichen gebracht, wird zur Rippe des Riesen Haunold. Die Heidenhäuser werden mit hartnäckigen Anhängern des alten Glaubens in der Zeit der Christianisierung in Verbindung gebracht, Tierköpfe als Giebelzeichen als Ersatz von Opfertieren ausgegeben, nicht zu reden von den Spuren, solchen vom heiligen Kassian auf dem Weg nach Säben beispielsweise oder besonders von Teufelsspuren.

Aus dem Bereich der tatsächlichen Erfahrung stammt der Wolf, der ebenfalls grimmig von hohen Kirchtürmen blickt und Wasser speit. In der christlichen Welt ist der Wolf der Inbegriff des Bösen, der Gefahren, wie ihn auch das Märchen zeigt. Symbolischen Charakter hat der Hahn auf dem Kirchturm. Hoch auf dem Turm dient er als Wetterfahne. Die frühen Sonnenstrahlen treffen ihn dann zuerst. Er ist somit der Tagkünder und Lichtbote, ein Symbol des auferstandenen Christus. Kühnheit hingegen bezeugt die weiße Hahnenfeder, die heute noch wesentlich zum Hutschmuck vieler Schützentrachten gehört.

Besonders beschäftigt hat die Christenheit der Teufel, eben der Antichrist, aber als Widersacher ist er auch in anderen Religionen wie z. B. im Islam allgegenwärtig. Vom Diabolos, dem alles verwirrenden Verläumder, ist schon im Ersten (oder Alten) Testament die Rede, er ist der Zweifler und Verführer, wie er in der Gestalt des Mephisto leibt und lebt.

Er ist versinnbildet in der Schlange, im Drachen, Luzifer, der vom Erzengel Michael besiegt wird, und im Beelzebub, dem Herrn der Dämonen. Die Sage lässt den Teufel in allen möglichen Gestalten auftreten: eben als Drachen, als Schwein, als Jäger und schwarzen Mann.

Da Gottes schöne Welt auch Schattenseiten hat und viel Bedrohliches, da neben dem guten Vater im Himmel auch ein anderer bestehen muss, der für das Übel in der Welt und manche unerklärbaren Schicksalsschläge verantwortlich sein muss, wird auch der Teufel mit mannigfachen Namen wie Bettel- und Höllenfürst und sein Gefolge, Zauberer, böse Geister und Hexen, in der Landschaft angesiedelt und so manche Naturerscheinung mit Teufelswerk erklärt. Von

[3]

[1] Pfalzen-Greinwalden: St. Valentin

[2] Der Schlern von Osten mit dem Kultplatz

[3] Drei Zinnen

diesen Erklärungsversuchen geben uns die Sagen und manche Bräuche wie das *Martinsgstampf* und die *Wilde Jagd* Kunde. Der Teufel diente nicht nur als Kinderschreck, sondern auch als Mahnung für Erwachsene, sich nicht nächtlicherweile herumzutreiben, nicht gotteslästerlich zu fluchen und übermütig zu freveln, sich an die Gebote der Kirche wie Besuch des Gottesdienstes und wichtige Bräuche zu halten. Man hat den Teufel da auch an die Wand gemalt. Für die Darstellung des Jüngsten Gerichts, bei den heiligen Georg, Michael und Margaretha, den Versuchungen des Antonius und bei der Schilderung des Kampfes um die hinscheidende Seele.

Außer den großen Denkmälern und Sinnzeichen in der mythologischen Landschaft gibt es noch ungezählte kleine Dinge zu vermerken, um die sich allerlei ins Mythisch-Rätselhafte weisende Vorstellungen ranken. Es gibt auch die Bräuche, die wie Schutzgebärden sind, bei denen Glaube und Aberglaube eng beisammen stehen.

Dazu zählt die Wetterabwehr durch geweihte Kräuter und das Wetterläuten, wobei einzelnen Glocken wie z. B. in Terenten oder Kastelruth eine besondere Kraft zugeschrieben wird. In beiden Fällen kommen die gefährlichen Gewitter von einem mit Zauberern oder Hexen besetzten Berg her wie *Hegedex* (Eidechsspitze) oder Schlern.

Auch beim Kreuz, dem heiligsten Zeichen der Christenheit, leben neben der religiösen Dimension noch andere, magische Vorstellungen fort. Nicht nur in der Wegkreuzung, wo es manchmal Unheimliches zu beschwören galt. An Weggabelungen stehen ja heute noch und nicht selten Wegkreuze auch als Totenrasten. Neben handwerklichem Kunstsinn könnte das Andreas-Kreuz, die *crux decussata,* auch noch eine Schutzsymbolik ausdrücken, wenn es auf Haustoren, im Ziegelmuster auf Dächern oder als Malkreuz auf Firstpfetten dargestellt wird. Die Segenshoffnung der zwei- oder dreibalkigen Wetterkreuze wird noch verstärkt, wenn Amulette und Medaillen in eine Vertiefung im Kreuzesschaft eingelassen sind. In Kreuzesform oder als angedeutete Raute sind nicht selten die Grübchen der Schalensteine angeordnet. Die Raute zählt ja auch zu den geheimnisvollen Figuren, die beim Scheibenschlagen aufgestellt und verbrannt werden.

Wichtige und häufige Symbolfiguren sind Kreis, Ring und Rad.

Bei Gruppentänzen werden Kreise gebildet, das Radmähen bildet einen Kreis, vielleicht um das Sonnenrad nachzuahmen, das Rad wird nicht selten als glückbringendes Zeichen aufgehängt, und es wird wiederum bei Feuerbräuchen als Scheibe geschlagen oder brennend bergab gerollt. Auch um den Ring kreisen Meinungen, was er bedeutet, an welcher Hand er getragen, warum er den Verstorbenen abgenommen wird.

Zauberkräfte haben nach manchen Märchen und Sagen Gürtel und Ringe. In ferne Zeiten zurück reichen Spiralen, Kreise und Labyrinthe, wie wir sie auf Felsritzungen antreffen oder auch als Schmuckmotiv im Kunsthandwerk, wie etwa der Schmiede und Tischler, die sich ja meisterhaft auf die Anwendung aller geometrischen Figuren verstanden, für Fenstergitter und Türfüllungen, für Söller und Möbel finden.

[1]

Ein anderes, besonders in Tirol beliebtes Motiv ist das Herz, das durchaus durch die Herz-Jesu-Verehrung gefördert sein könnte. Das Herz finden wir ausgeschnitten auf Bundwerken und auf Söllergeländern und in Verbindung mit dem Lebensbaum auf Stickereien. Auf so manchen Betten aus der Barockzeit treffen wir das Dreieck mit der Spitze nach oben, es versinnbildet das Feuer oder das männliche Element, so lautet eine häufig zu hörende Deutung, mit der Spitze nach unten gleicht es einem Wassertropfen und vertritt das Weibliche. Alt sind auch die Darstellungen des Kleeblattes. Werden zwei solcher Dreiecke übereinander gelegt, entsteht das Sechseck, das Harmonie ausdrücken soll.

[2]

[3]

Anders verhält es sich mit dem Fünfeck, dem Pentagramm oder Drudenfuß. Es bedeutet Schutz und Abwehr, trennt Drinnen und Draußen. Das Pentagramm finden wir deshalb auch an Türschwellen, so etwa vor der Kirchentür von St. Ulrich in Gröden.

Beliebte Ornamente sind auch Sterne mit acht oder zwölf Zacken und das Sonnenrad und, vielleicht in Gefolge des langobardischen Flechtbandes, der laufende Hund.

Ein weites Feld symbolischer Sinnbezüge wäre ferner die Tracht, mit Ornamenten an Brustfleck und Gürtel mit der Position von Bändern und den verschiedenen Farben.

Auch Bäume und Blumen haben nach Meinung der Menschen verschiedene Bedeutungen. In der Volkskunst fasst der Lebensbaum viele alte Vorstellungen zusammen; als Sinnbild ewigen Lebens

[1] Maria im Ährenkleid

[2] Meransen: *Ummegang* (Prozession) am 16. September, dem Fest der Drei Heiligen Jungfrauen Aubet, Cubet und Quere

[3] Enneberg: Säben-Pilger mit Nelke und Buchsbaumsträußl

[4] Brixen, Kreuzgang: Domherren-Grabstein mit Sanduhr und Totenkopf

[5] Penon: Fratze am Turm

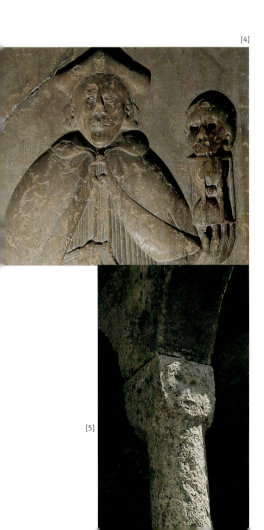

hat er auch im Christentum seinen Platz behalten, besonders in der Gestalt des geschmiedeten Grabkreuzes.

Unter den Bäumen von besonderer Symbolträchtigkeit steht in unseren Breiten die Linde an vorderster Stelle. Die Dorflinde als Ort von Versammlungen zu Gericht und freudigen Feiern. Unter ihrem Schutz glaubte man sich vor Blitzschlag sicher. Das Lindenblatt ist das »Laub« im Kartenspiel, ein Lindenblatt verursachte die verwundbare Stelle am Körper des gehörnten Siegfried.

Im Denken des Volkes haben die Blumen ihren wichtigen Platz, vor allem Rose und Lilie, die in den Wappen der bedeutenden Adelsfamilien auftreten.

Allen voran steht die Rose, die als fünfblättrige Wildrose dem Drudenfuß entspricht, die fünf Blätter bedeuten aber auch die fünf Wunden Christi. Die Rose hat mit dem Geheimnis auch insofern zu tun, als sie im Altertum als Tischschmuck diente. Was einem dort *sub rosa* anvertraut wurde, galt als Geheimnis. Als Symbolblume auf Werken der Volkskunst ist die deutliche Sprache der Rose nicht zu übergehen. Seltener ist die Tulpe, die als Dekor auf Bauernmöbeln vorkommt, oder die Lilie, die öfters als Wappenblume aufscheint, im Übrigen aber als Heiligenattribut und Reinheitssinnbild bekannt ist.

Die Nelke, das in Tirol beliebte »Nagele«, ist bei Trachtenträgern beliebter Hutschmuck und war einst Gegenstand von alten Stehlrechten; beliebt war diesbezüglich auch das Edelweiß, das zusammen mit dem Tiroler Adler gern als Motiv für Stickereien verwendet wird. Es gibt sie noch – die mythologische Landschaft, wo das Geheimnis um Berg und Baum, Pflanze und Tier webt, dem diese Bilder nachspüren. Es gibt auch moderne Ausgeburten der Phantasie, magische Welten, unheimliche und infernalische Gestalten.

Die Landschaft lebt vom Erzählen und Erinnern an gebannte Geister, versunkene Almen und Dörfer. Und da ist es, um es mit Theodor Fontane zu sagen, gut, »dem Volksmund zu glauben und die Zweifel zu Hause zu lassen. Ob die Glocken dann abends in der Tiefe klingen oder nicht – der ist nicht beneidenswert, der sie schlechterdings nicht zu hören vermag«.

Wir dürfen ohne Furcht diese Bilder-Reise antreten und uns über die Schönheit und über den kulturellen Reichtum unseres Landes freuen.

Unter einem blassblauen Himmel liegt verschleiert die Winterlandschaft um Lajen, mit dem Wasserbühel, zu dessen Füßen einer der letzten Menhire aus der Kupferzeit geborgen werden konnte. Diese Landschaft birgt noch viele Geheimnisse.

HEILIGE BERGE

Es hat lange gebraucht, bis sich der Mensch auf die hohen Berge gewagt hat, noch länger, bis er wie heutzutage die majestätischen Gipfel aus der Vogelschau betrachten kann. Noch aber sind die einst geheimnisvollen Höhen auch in unseren Alpen nicht ganz entzaubert.

Wir haben in unseren Breiten nicht heilige Berge im streng religiösen Sinn wie den Olymp, Sinai oder Athos, von Götterwohnungen wie dem Fujiyama in Japan, dem Gunung Agung auf Bali, dem Licancabur in Chile gar nicht zu reden. In manchen Religionen ist der Berg der Mittelpunkt der Welt. Er ist die Achse, die Himmel und Erde verbindet.

Meistens sind Berge aber nicht an sich heilig, sondern als Kultorte, wo Götterheiligtümer errichtet wurden. Auf den Bergen sitzen auch Geister, meistens solche, die zu den Menschen nicht freundlich sind. Solche Berggeister lebten schon in der Gedankenwelt des frühen Mittelalters, als Zwerge, die in den Bergen Gold hüteten, die viel wussten und zaubern konnten.

Später wurde dann der Berg zum Versammlungsort von bösen Geistern und Hexen, wie der Schlern oder das Auener Joch, die Gegend um die Stoanernen Manndlen, von der gefolterten Barbara Pachler (1540) als Hexentummelplatz angegeben.

Berge prägen nicht nur die Lebensweise der Bewohner, sondern auch ihr Denken und Deuten. Es gibt Bildberge wie den *Klausner Riesen* in der Hochklause im Eisacktal, die Dreiherrenspitze hinter Heilig Geist, die viel mehr mit einem Dreigötterberg (Dreifaltigkeit) zu tun hat als mit drei Landesherren. Auch als Sonnenuhren waren die Berge den Leuten wichtig, für Hirten und Waldarbeiter und für die Waaler im Vinschgau.

Die Berge sind in jeder Gegend bedeutsam auch als Wetterboten. In der Volksweisheit gibt es da sonderbare und in ihrem Wahrheitsgehalt kaum überprüfbare Erkenntnisse.

Auf dem *Hegedex* (Eidechsspitze) hauste vor grauer Zeit ein Zauberer, der Schlagringe für die rauflustigen Terner Burschen schmiedete. Manche Berge, so der Nuzla (Monte Ozol) der Nonsberger, tragen weit in die Mythologie zurückreichende Namen, die in Verbindung mit vorchristlichen Weiheinschriften und Nonsberger Opferstätten zu bringen sind. Andere Berge sind sagenumwoben wie die Frau Hitt, in den Dolomiten der Rosengarten, die Marmolata und der Latemar.

Der Ortler

Am Rungger Eck bei Seis (Bildmitte) wurde 1984 ein Brandopferplatz ausgegraben. Seit dem 12. Jahrhundert v. Chr. diente die Stelle als Kultplatz. Am Tag der Wintersonnenwende zur Mittagsstunde fällt zwischen Santnerspitze und Jungschlern ein Lichtstrahl auf den Opferplatz.

[1] In der Felswanne am Tisenjoch, Schnals, einem im wahren Wortsinn uralten Übergang für Mensch und Vieh in unseren Bergen, wurde am 19. September 1991 der Mann im Eis gefunden.

[2] Die Fundstelle am Tisenjoch im Frühjahr 1992

[3] Der Schlern, in der Bildmitte Völseck, rechts Tiers

[1] Der Brandopferplatz von *Tschaufis* in Villnöß vor den Geislern

[2] Der Nuzla (Monte Ozol), Nonsbergs »heiliger Berg«; links oben der Schlern: Es besteht Blickkontakt zwischen den beiden »heiligen« Bergen.

[1]

[2]

[3]

[1] Das Bergdorf Aldein mit seiner St.-Helena-Kirche auf dem Hügel, im Hintergrund Weiß- und Schwarzhorn

[2] Der Königsanger in den Sarntaler Bergen ist ein Kultplatz bis zum heutigen Tag. Alljährlich einmal im Sommer feiert das Pfarrvolk von Feldthurns hier eine Gipfelmesse.

[3] Nicht fern davon liegt die Höhenwallfahrt zum Latzfonser Kreuz. Nicht zu erklären sind die fünfundzwanzig Steinkreise (links unten im Bild) unter Samberg und Ritzlar.

[4] Winterlandschaft am Talschluss von Prettau mit dem Kirchlein zu Heilig Geist, darüber der mächtige und doch viel begangene Tauernkamm mit der Dreiherrenspitze, dem Berg des Dreifaltigen Gottes

[5] Der *Opferwank* im Sarntal ist heute noch bei der Jugend des Tales überaus beliebt. Möglicherweise verbirgt sich hinter diesem Namen eine frühe Opferstätte.

[6] Am *Glarsner Egg* am Essenberg im Sarntal kommt am Tag der Wintersonnenwende um halb neun die Sonne zwischen der Sarner Scharte und dem Seeberg wie eine Sonnenuhr der Frühzeit. Unter der Sarner Scharte liegt der *Ziprisser*, ein Stein mit den Fußspuren des heiligen Zyprian (Kirchenpatron in Sarnthein).

[4]

[5]

[6]

Majestätische Bergwelt zwischen Langkofel und
Marmolata mit den Zillertalern fern im Hintergrund

[1] Ein Bergheiligtum wie Säben im Eisacktal führt unsere Gedanken zur Annahme einer Kultkontinuität von sehr fernen Zeiten her.

[2] Ein Blick von St. Konstantin/Völs auf den nebelumbrauten Schlern

[1]

[2]

GEHEIMNISVOLLES SÜDTIROL

[1] Eher düster und abweisend ist die Landschaft des mittleren Pustertales. Dem Heiligkreuzkofel vorgelagert die bewaldeten Rücken mit Kronplatz und Kienberg.

[2] Der Tamerskofel über der Alm Rautal ist Wächter am Eingang zum Reich der Fanes und dem Aufstieg nach Sennes und Fodara Vedla. Auf seiner Höhe sitzen Hexen und böse Geister (*stries, striuns* und *salvans*).

[3] Rätselhaft bleiben die Steinkreise oder Erdwälle am Vöraner Jöchl.

[4] Vom Burgstallegg bei Aldein geht der Blick nach Nordwesten über das Etschtal, den Mitterberg, zum Gantkofel und zu den fernen Schneebergen.

[1] Hinter den frühlingsgrünen Matten der Rodenecker Alm ragen Hochfeiler und *Hegedex* (Eidechsspitze) auf.

[2] Im scharfen Firnlicht: der Weißzint gegen Osten

[3] Hochnall bei Percha

[1] Vor dem weißen Rund der Tauern mit Venediger und Glockner steht als schattig-dunkles Dreieck der Heiligkreuzkofel, der den ladinischen Namen Ciaval, Roßkopf, trägt. Unter der schattigen Flanke steht auf einem alten Kultplatz das Kreuzkirchl.

[2] Heiligkreuz auf Raschötz, links im Bild am Waldsaum der Ochsentritt und der Muttergottessitz

[1] In Schnals (Hintere Schwärze)

[2] Grün- und Langsee in der Texelgruppe mit Blick zur Rötlspitze im Spätherbst. Diese Gegend ist bekannt wegen ihrer zahlreichen Schalensteine.

[3] Sagenumwoben ist der sich ins Etschtal fast vorneigende Gantkofel. Der Teufel wollte ihn gegen Eppan schieben.

[4] Aus der Vogelschau der Sas Songher in der Sonne, in der Bildmitte die Mittelgebirgsterrasse von Pfalzen und darüber die majestätischen Zillertaler

[4]

[1] Peitlerkofel mit dem Talabschluss von Lüsen *(Gunggan)*

[2] Regenbogen beim Freienbühel (Afers)

[3] Schöne Berggestalten sind die Geisler, von denen die Kare wie Furchen in die Tiefe gehen. Ihnen gegenüber liegt am Fuß der Aferer Geisler das *Wörndle-Loch* in Kaseril.

[4] Der Saslong, Langkofel, der legendäre Berg im Herzen Ladiniens.

[3]

[4]

Die große Bergwelt war jahrhundertelang unzugänglich und wurde scheu gemieden.

[1] Zuckerhütl

[2] Ortler

[3] Die sagenhafte Welt von Sennes und Fanes

In Antholz

Mauls im unteren Wipptal mit Senges, Gansör und Ritzail. Sei es, dass der Mithraskult Höhlen bevorzugte, sei es, dass die Anhänger dieser Religion nach Konstantin sich in einsame Gegenden zurückzogen: 1589 wurde in einer Höhle oberhalb des Kirchdorfes der Mithrasstein gefunden.

Im Denken des Volkes und in der mythologischen Landschaft haben die Höhlen einen wichtigen Platz.

Das Wort Höhle ist verwandt mit Hülle, etwas, wo man sich bergen und verbergen, sich ungewollten Blicken und Zugriffen entziehen kann. Die Höhle bietet sodann auch Schutz vor Wind und Wetter. Die steinzeitlichen Jäger, die das Bergland durchstreiften, schätzten und nutzten die Höhlen und Felsüberhänge zu zeitweiligem Unterstand.

Das bedrohliche Dunkel und der nicht selten gefahrvolle Einstieg führten wohl zur Verbindung, dass es in den Höhlen nicht mit rechten Dingen zugeht, so dass man von *Antrischen Löchern* sprach. Denn in Höhlen wohnten der Sage nach die Schätze hütenden Zwerge, lebten Riesen und Drachen und sonstige unholde Wesen.

Die Höhle ist aber auch der Schoß der Mutter Erde, woher auch, als dem Inbegriff des Mütterlichen, die Frauen die Kinder holen.

Ganz besonders werden Höhlen mit altem Bergbau verbunden, wie das *Antrische Loch* auf dem Tobl am Eingang ins Reintal. Solche Bohrlöcher erinnern an die Erzsuche im Rahmen des Bergbaus.

In einer Höhle oberhalb Mauls wurde 1589 der Mithrasstein entdeckt. Nachdem im späten vierten Jahrhundert der Christenglaube zur Staatsreligion erklärt und der Mithraskult verboten wurde, versteckten die Anhänger den Stein in einer entlegenen Höhle. Bezeichnenderweise, denn Mithras wurde in einer Höhle geboren, in einer Höhle hat er den Stier getötet, in Höhlen fanden die Riten und Mähler statt, in den ringsum laufenden *praesepia* oder Futterkrippen ließen sich die Teilnehmer nieder.

In der Sage sind Höhlen vorwiegend Wohnort von wilden Geistern, so der *büsc dl salvan,* die Höhle der riesigen *Wilden Männer* bei Pufels, mit der ebenfalls riesigen Kröte als Wächterin davor.

Ein *Wilde-Leute-Loch* gibt es auch oberhalb Seis. Ferner wären zu erwähnen das weithin sichtbare *Hundsloch* bei Mauls und andere Hundskirchen. Dass der Hund eine Höhle als Eingang zur Unterwelt bewacht, erzählt die Mythologie der Griechen und Germanen.

Das *Kofelloch* bei Kiens war uns Kindern ein streng verbotener und höchst unheimlicher Bereich.

Taufers, Toblburg, *Antrisches Loch*

[1] Pfunders – Morgenstimmung am Engberg mit Blick nach Süden zur Danlerscharte

[2] Der junge Mathias Moosburger fand 1996 in der Höhle unter der Danlerscharte in Pfunders einen Krug, in dem die Hirten der Vorzeit Milchopfer darbrachten.

[3] Nach Auskunft des Archäologen Günther Niederwanger stammt der Opferkrug aus der Zeit um 800 v. Chr.

[1] Die *Alte Kuchl* unterhalb von Meransen trägt Rauchspuren, die auf ein viertausendjähriges Alter hinweisen. Die Bezeichnung *Alte Kuchl* ist möglicherweise ein Hinweis auf den rußigen alten Unterstand.

[2] Aus den Nöcklwänden in Pfrein holten die Latzfonser die Kinder. Hier hausten aber auch die *Wilden*.

[1]

[2]

[1] Hinter dem Kobenhof in Lengstein gibt es die *Hirschkuchl,* die schon in vorgeschichtlicher Zeit als Unterkunft benutzt wurde.

[2] In der abschüssigen Pursteinwand in Taufers im Pustertal gibt es das *Multerloch,* eine Höhle, wo einst *Antrische* hausten. Unterhalb von Tisens (Kastelruth) liegt die *Lafreider Höhle,* in Pfunders das *Schotteloch* beim Foirer, rätselhaft ist in Tiers das *Tschetterloch.*

[1]

[1] Die *Feigenwand* auf dem Weg ins Mühlental von Glen und Truden ist bekannt auch durch gutes Quellwasser. Die Leute erzählen, hier hätte ein Tatzelwurm gehaust, der sich vom Blut der Waldgämsen ernährte.

[2] Bei Kiens, wo der bewaldete Rücken in eine Wand abbricht, gibt es das *Kofelloch*. Inschriften in der Tiefe der Höhle bezeugen, dass sich hier zur Zeit der Franzosenkriege Leute versteckt hielten.

[2]

[1] Das Knappendorf St. Martin am Schneeberg (Aufnahme 1987) ist zerfurcht und birgt zahlreiche Stollen.

[2] Am Großen Faden, dem Höhenzug zwischen St. Peter und Prettau, gibt es das *Antrische Loch,* die Höhle der *Antrischen,* die sich angewidert von den Menschen in diese Wildnis zurückzogen: »Die Welt ist voller Neid und Hass, wir gehn nie mehr ans grüne Gras!« Beim Notfeldsee unter dem Großen Faden führt der Steig zur Hundskehle und zum Wilden See unter dem Rauchkofel.

[3] Das *Antrische Loch* bei der Toblburg von Taufers im Pustertal

[4] Oberhalb von Costamesana in La Pli de Marèo/(Enneberg)-Pfarre ist das Loch des *Wilden Mannes, il büsc dl salvan.*

[1] Nahe der versunkenen Burg *Flange,* dem Waldschlössl und der *Asburg* oberhalb von Vintl, haben wir wieder eine *Alte Kuchl,* eine Höhle mit deutlichen Rußspuren.

[2] Weithin sichtbar ist die Höhle, genannt *Hundsloch,* zwischen Mauls und Valgenäun im südlichen Wipptal.
In Vals liegt auf dem Weg zur Fane-Alm die *Wilde Kirche.*

[1] Unterhalb der Straße, die von Kurtatsch über Fennhals nach Fennberg führt, liegt eine Höhle. Hier hausten Hexen, die es besonders auf die Männer abgesehen hatten, wenn sie vom Kirchgang heimkehrten. So manche deutlich verspätete Heimkehr wurde dem Hexenzauber zugeschrieben.

[2] Auf der Berger-Alm in Antholz wissen die Leute von der Hartmannhöhle zu erzählen, dass hier der selige Bischof Hartmann vor seinen Verfolgern Schutz suchte.

[1] Die Alten hatten großen Sinn für Lichtsymbolik: In der Höhlenkirche St. Martin im Kofel fällt am Martinsfest (11. November) die Sonne auf den Altar; zu dieser Stunde wurde Gottesdienst gefeiert.

[2] Das Kobenkirchl am Ritten in seiner Waldeinsamkeit unterm Rittner Horn ist der Heiligsten Dreifaltigkeit geweiht.

Kloster Säben oberhalb Klausen

ORTE DER KRAFT

St. Peter über Aufkirchen, ein alter Platz mit Sonnenortung: Am Tag der Wintersonnenwende genau zur Mittagsstunde scheint die Sonne auf den Altar, genau wie bei den Externsteinen im Teutoburger Wald.

Es bleibt ein Geheimnis, ob der Mensch und die Orte beseelt sind, eine wohltuende Kraft von sich aus innehaben oder ob die Menschen den Ort beseelen, die als Ergriffenheit wieder zurückkommt, das heißt, dass die heilende Kraft eines Ortes erst geweckt werden muss.

Die meisten Orte der Kraft sind bereits seit alten Zeiten als solche bekannt und mit Heiligtümern, Tempeln und Kirchen besetzt. Es gibt in der abendländischen Kultur viele Orte der Kraft, die beseelt sind von altem Geist, der aber nur noch wie ein Ahnen in unsere Welt herüberleuchtet.

Diese Orte, ob wir sie heilig oder beseelt nennen, sprechen die Menschen an, die einen Sinn haben für die geistige Bedeutung und tiefe Zusammenhänge.

Darüber hinaus dürfte es hinlänglich erwiesen sein, dass es Erdstrahlen gibt, die heilend auf die Menschen wirken, an Stätten, die besondere Kraft ausstrahlen, als Orte höchster kosmo-terrestrischer oder metaplurer Energien gelten können. Man spricht da auch vom *genius loci*, von der Seele des Ortes. Da blieben die Körper der Toten in den Gräbern unverwest, da entstanden Kultstätten, Tempel wie der von Luxor, Kathedralen wie die von Chartres und Wallfahrtsorte. Die Kraft dieser Orte, die heilende und manchmal wunderwirkende, beruht oder beruhte auf unterirdischen Strahlen, Wasserläufen oder Kanälen. Die gotischen Baumeister hatten diese geheimnisvollen Kenntnisse.

Auf welchem Wissen, welchen Erfahrungen die Alten da aufbauten, wird wohl immer ein Geheimnis bleiben. Warum wurde Kloster Marienberg von einem ungesunden Ort wegverlegt, an einen Ort der Kraft, als welcher die Krypta dieses Klosters bis auf den heutigen Tag gilt?

Die aufgeklärte Zeit mit der messenden und zählenden Wissenschaft hat die alten Erfahrungen verschüttet. Leute, die mit Pendel und Wünschelrute umgehen, gelten, gelinde gesagt, als schrullige Käuze.

Schon in alter Zeit wurden Tempel an ausgewählten Orten der Kraft erbaut, was auch nicht weniger von christlichen Heiligtümern wie Weißenstein, Innichen, Sonnenburg und anderen Orten als zutreffend anzunehmen ist.

Enneberg-La Pli de Marèo/(Enneberg)-Pfarre

[1] Seit dem ersten Jahrtausend vor Christus ist der *Kohlen Oartl* (Collnoartl) am Ritten mit seinem See ein heiliger, geheimnisumwehter Platz. Reihum stehen in Sichtweite andere Kultplätze: der Schlern, der Tschafon, das Rungger Eck, der Streitmoser in Steinegg und Percoll bei Tisens.

[2] Der Thalerbühel in Tiers gehört zu den wichtigen vorgeschichtlichen Fund- und Siedlungsplätzen. Ein Bittgang ist unterwegs zum Sebastianskirchlein.

[1]

[1] Die winterliche Landschaft um Lajen mit dem Wetterkreuzbühel

[2] Tiers: das romanische Kirchlein von St. Sebastian, ehemals der heiligen Christina geweiht, darüber der Tschafon mit dem urzeitlichen Kultplatz

[2]

Kurtatsch: *Pregatmort*. An dem uralten Übergang aus dem Etschtal in den Nonsberg über Graun träumt unter dem Barbara-Jöchl ein heiliger Hain. In der Verebnung steht eine aus Steinen aufgeschichtete Pyramide. Solche Steinhaufen entstanden einst auch auf alten Pilgerwegen unterhalb von Weißenstein, beim Opferstock zwischen Rasen und Lutterkopf, ober den *Wilden Fraielein* in Zerz oder auf der Fernwallfahrt nach Santiago de Compostela am *Cruz de hierro*, Rabanalpass. Die Steine wurden zuerst an der Brust gerieben und sodann mitsamt den Sünden weggeworfen.

Unter der hochaufragenden Klopaierspitze am Reschen liegt über dem neuen Dorf die Flur *Plamort* wie unter einem Leichentuch aus Nebel. Die Hochfläche ist durchzogen von Befestigungsanlagen aus faschistischer Zeit, mit Gräben und Panzersperren. Nach dem Volksglauben sind hier in *Plamort* die Toten angesiedelt, hier gehen sie als Geister um. Nicht weit von hier ist der Platz, wo einst der heilige Baum von Nauders stand. *Plamort* führt unsere Gedanken zu *Pregatmort,* dem heiligen Hain über dem Etschtal.

[1]

[1]

[1] Castelfeder im Südtiroler Unterland ist eine bedeutende Urzeitstätte. Der Erzählung nach war die Felsplatte eine Rutschbahn, über die Mädchen mit bloßem Hintern hinunterrutschten. Die angeblich heidnische Angelegenheit wurde durch ein Kreuz verchristlicht.

[2] Der Burgstall von Aldein zwischen Branzoll und Auer als hinweisender Rest auf eine Wallburg

[2]

[1] St. Zeno in Pein bei Terenten, weit draußen im Wald die Burg *Flange* der Gisela von Gernstein. *Flange* gilt als älteste Höhenburg in Tirol.

[2] Deutschnofen: Rodungsinseln

[1] Im kargen Land des Vinschgaus die Ruine und die barocke Kirche von St. Peter in Tanas. Die alte Kirche steht auf einem frühen Kultplatz. Solche Plätze wurden bewusst verchristlicht, indem man die *Cathedra Petri* darauf setzte, so wie möglicherweise auch am Peterköfele bei Leifers, in Schrambach, St. Peter in Ahrn, St. Peter im Walde hinter Latzfons ...

[2] Tötschling am Pfeffersberg ist eine altbesiedelte Stätte, wie Menhirfund (1955) und Schalensteine bezeugen; im Bild St. Nikolaus *auf der Platte*.

[1] Schluderns: im Hang am Übergang zum Schatten das berühmte Ganglegg (Bildmitte), unter den beschneiten Höhen rechts oben die *Köpflplatte* und die Kreuzspitze

[2] Der Urhof Miglanz bei Villnöß ist von drei vorgeschichtlich besiedelten Hügeln umstanden, auf denen in sagenhafter Zeit ein Riese hauste und von dem noch ein Fußabdruck zu sehen ist. In der unheimlichen *Finstkuchl* liegt der Riese begraben.

[1]

[2]

[1] Säben mit Frauenkirche und Mäuseturm. Die barocke Liebfrauenkirche ist eine in unbestimmte Zeit zurückreichende Wallfahrtsstätte, der Mäuseturm ist ein Tummelplatz von allerlei Geistern.

[2] Die den Berg bekrönende Heiligkreuzkirche ist seit Jahrhunderten Ziel der Ladiner-Wallfahrt, deren Grund und Ursprung im geheimnisvollen Dunkel der Geschichte liegen. Pilgermesse mit Bischof Wilhelm 1988.

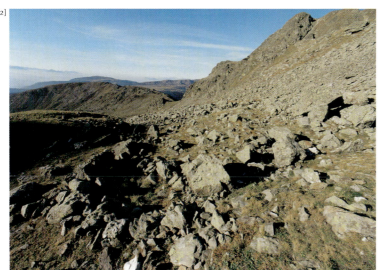

[1] Die Akropolis Tirols wird Säben auch genannt. Auf diesem heiligen Berg soll der sagenhafte König Arostages geherrscht haben. Seit 1686 besteht die Abtei zum Heiligen Kreuz der Benediktinerinnen. Das weithin sichtbare Bildnis des Kreuzes deutet auf die Kreuzwallfahrt, der Kassiansturm daneben auf die legendäre Gestalt des Bistumspatrons St. Kassian.

[2] Unter dem *Samberg* beim Latzfonser Kreuz geben mehrere Steinkreise Rätsel auf: Sind es *ustrinae*, Begräbnisorte verbrannter Leichen der Urzeitbewohner?

[1]

[2]

[1] Im heiligen Winkel liegt St. Moritzing, darüber im Wald die alte Wallfahrt St. Kosmas und Damian, auch *Alt-Gosman* genannt; oben im Bild das Reich König Laurins, der Rosengarten.

[2] Vom Ölknott in der Nähe von St. Kosmas und Damian erzählt die Sage von einem Wackelstein und heilsamen Öl, das sich in der Steinmulde bildete und von Pilgern mitgenommen wurde. Erst durch einen Fluch floss anstelle von Öl nur noch Wasser.

Das Umfeld am Sonnenburger Kniepass ist von Urzeiten her besiedeltes Land. Mit St. Margareth am Kniepass und einer nahe gelegenen alten Einsiedelei, mit dem Burgfelsen von Lothen [1] und seinen berühmten Funden, mit dem Kirchlein St. Johann [2] und seinem romanischen Kreuz, dem Bau auf der Suonapurk [3], der als Burg, befestigtes Kloster, Altersheim und Hotel auf eine tausendjährige Wechselgeschichte blickt.

[1] Die weite Streusiedlung auf der Hochfläche von Terenten mit dem Burgstall, der von einer längst verschwundenen befestigten Anhöhe und Wallburg Kunde gibt (Bildmitte).

[2] Zwei Burgen bewachen das Sterzinger Moos im Süden. Neben Reifenstein steht das Kirchl von St. Zeno. Am Fuß der Felskuppe kamen die Baumsärge bajuwarischer Edler zutage (1996). Links oben Burg Sprechenstein.

[3] Meransen um die Wintersonnenwende: Die geschützte sonnige Hochfläche ist sicher seit ältesten Zeiten besiedelt.

[1] Brixen mit Dom, Johanneskirche, alter Bischofsburg, Vorgarten und tausendjährigen Resten der Stadtmauer (civitas)

[2] Liebfrauenkirche am Kreuzgang in Brixen: ein bedeutender »Ort der Kraft«

Brixen: Die romanische Taufkirche zum heiligen Johannes trägt bedeutenden Freskenschmuck aus der Zeit um 1200. Über der lichtdurchfluteten Apsis das Bild der *Sophia,* der Weisheit, auf dem Thron Salomons.

[1]

[2]

[1] St. Georg in Versein auf dem Tschögglberg steht auf einem Platz kontinuierlicher Besiedlung. Vielleicht an der Stelle der langobardischen Festung Maletum, die Paulus Diaconus erwähnt und die beim Frankenfeldzug um 590 zusammen mit anderen zerstört wurde. Früher soll hier eine Einsiedelei bestanden haben, daher der Flurname *Paterackerle* und auch ein *Paterbründl*.

[2] Die Kehlburg über Gais, um das Jahr 1000 als Landgut Chela des Bischofs Albuin erstmals genannt, hatte eine Wallfahrtskapelle zum heiligen Erasmus und galt von jeher als heiliger und heilkräftiger Ort.

St. Peter in Gratsch und Schloss Tirol. Die Aufnahme aus dem Jahr 1992 hat vor allem dokumentarischen Wert, zeigt sie doch die ergrabenen Mauerreste des alten Frauenklosters aus dem 6.–8. Jahrhundert (links unten).

[1]

[2] Schloss Tirol: Die romanische Kreuzigungsgruppe ist von der Sage umrankt, dass sie jedesmal, wenn ein Landesfürst starb, ein Stück Holz verloren haben soll.

[3] Kloster Marienberg: Die Krypta ist ein besonderer Ort der Kraft.

[1] Schlaneid auf der Tschögglberger Hochfläche mit dem Valentinswald – St. Valentin ist der Patron der Kirche des Weilers – und unten in den Schrofen der Norggenwald

[1] Ein Ort der Kraft und mit heilsamem Wasser ist *Dreikirchen* im Eisacktal. Die Kirchen, die dem heiligen Nikolaus, der heiligen Magdalena und der heiligen Gertraud geweiht sind, setzen den Kult alter Quellgöttinnen fort. Im nahen Wald liegt die abgekommene Einsiedelei Krössbrunn.

[2] Unterhalb von Albions kreuzen sich der *Troj paian* und der Weg, der von Klausen nach Gufidaun führt. Wegkreuzungen sind von jeher geheimnisumwitterte Orte und tragen Erinnerungen an unheimliche Begebenheiten.

[1] St. Martin in Hofern zur Herbstzeit. Die Kirche mit den bedeutenden Kunstschätzen steht auf einem Hügel mit deutlich sichtbaren Gletscherschliffen. Hier im Kirchenhof lebte das als Original weitum bekannte »Kircher-Jörgile« († 1955).

[2] Der Bischofskofel im Wald am Vigiljoch ist ein alter Grenzstein aus der Zeit des Römerreiches oder der Grenzmarchen zwischen Chur und Trient.

Als Ort der Kraft gilt von jeher Marienberg und sein Umfeld.
St. Stefan ist die Stätte, wo anfänglich das Kloster stand und
wo heute der Klosterfriedhof liegt.

[1] St. Martin in Zerz im obersten Vinschgau. Nur noch wenigen bekannt ist die Geschichte von den Saligen, den *Wilden Fraielein*. Die Brugger-Alm war einst ein Bauernhof und die Gegend ein heiliger Bezirk der Saligen.

[2] Die Stelle, wo einst die Burschen von Burgeis den *Wilden Fraielein* bei der ersten Almfahrt ein Steinopfer darbrachten, ist heute zerstört und wird bald vergessen sein.
In Laas hausten bei der *Platzer Wand* ebenfalls *Wilde Fraielein*.

[1] Auf den Almen von Lüsen und Rodeneck steht das *Pianer Kreuz*. Die Stelle bezeichnet eine zwölfhundertjährige Grenze, hier kreuzten sich einst viel begangene Wege von Rodeneck ins Gadertal und von Ehrenburg nach Lüsen. Seit dem Sommer 2002 steht wieder eine Kapelle, geweiht der heiligen Clara und dem Apostel Bartholomäus.

[2] *Auf den Platten* am Weg zum Latzfonser Kreuz

St. Magdalena in Moos bei Niederdorf ist der Ort einer wichtigen Wegkreuzung an einer in vorgeschichtliche Zeit zurückreichenden Straße.

Heilig Geist im Talschluss des Ahrntales, am alten Tauernweg gelegen, 1455 von Kardinal Nikolaus Cusanus geweiht. Im Inneren der Kirche erinnern Fresken an den heiligen Nikolaus, den Patron der Wanderer und Reisenden, und St. Valentin. Vor allem geheimnisvoll ist das Kreuz mit den Schusswunden, um das sich die Sage vom frevelhaften Schützen rankt.

[1] Die Kirche von Heilig Geist schmiegt sich nordseitig an einen gewaltigen Felsblock, der gespalten ist und der den Pilgern als *Schliefstein* dient. Beim Gang durch den Felsspalt mochte man reuig die Sündenschuld abstreifen.

[2] Die Kapelle am Tauernweg soll der Sage nach die Stelle sein, wo das durchschossene Kreuz stand und wo der Stier den Schützen zu Tode drückte. Die drei Kreuze auf der Steinplatte versinnbilden wohl die Dreifaltigkeit (vgl. S. 163).

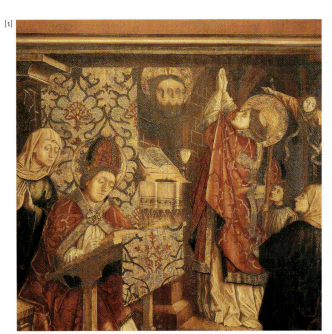
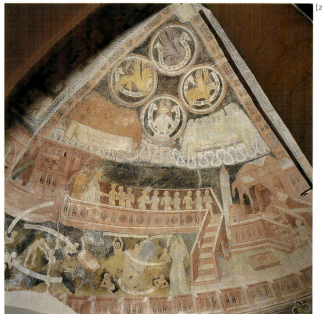

[1] Auf der Augustinustafel des Klosters Neustift hat der Meister von Uttenheim eine Gregoriusmesse dargestellt mit einer Dreifaltigkeit in Gestalt eines Dreikopfes, wie wir sie an einigen anderen Orten im Land kennen.

[2] St. Georg in Schenna, Darstellung des Jüngsten Gerichts: Wer ist die einzelne Gestalt rechts unten? Ist es Adam, ist es Christus?

[3] Domtürme von Brixen und die Abtei Neustift von Milland aus gesehen

[1] Wo sich der Weg vom Etschtal über Mölten ins Sarntal mit jenem von Jenesien nach Hafling kreuzt, steht auf einem Hügel die Kirche von Lafenn. Alljährlich am 25. Juli zum Fest des Kirchenpatrons des heiligen Jakobus fand sich hier allerhand Volk ein. 1839 wurde der Kirchtag wegen allerlei Ausschreitungen verboten.

[2] Eine alte Wegkreuzung ist beim Aufhofener Stöckl, hier verzweigen sich die alten Wege Dietenheim–Gais und St. Georgen–Pfalzen.

[1]

[2]

[1] Die St.-Martins-Kirche *auf Platz* (1500 m) bei Stilfs steht am alten sagenumwobenen *Wormsionsteig* und zugleich an einer Opferstätte aus vorchristlicher Zeit.

[2] Die *Tuiflslammer* bei Eppan. – Im Laaser Tal gab es die *Tuiflsplatten* mit Schälchen.

[1] Zu den schönen Höhenkirchen unseres Landes zählt ohne Zweifel auch St. Verena am alten Weg über den Ritten. Funde rund um den Kirchhügel brachten einen Menhir ans Tageslicht und erweisen den Platz als alte, bedeutsame Siedlung.

[2] Die Wallfahrtskirche von Riffian

Heilige Wasser, Quellen, Seen und Brunnen

So wie es sagenumwobene Bergeshöhen gibt, kennt das Volk auch Seen, die allerlei Geheimnisse bergen und Rätsel aufgeben. Zuerst sind so manche Bergseen Wetterboten. Wenn sie brüllen, wird bald Schlechtwetter. Da das Getöse, das auch bei vollkommener Windstille eintreten kann, nicht zu erklären ist, schrieb man es Drachen oder Geistern zu, die in das Wasser gebannt wurden. Es entstanden viele Sagen. So ist es z. B. auch beim Wilden See zuhinterst im Valler Tal, wo ein Mörder hineingebannt sein und dort die kalte Pein leiden soll. Diese in der Tiefe der Seen hausenden Geister dürfen nicht gereizt werden, daher soll man keine Steine in diese Seen werfen. Mancher See, so auch der Alleghe-See und der *Lec Sant* in Gröden, soll der Sage nach als Strafe über übermütige und stolze Dorfbewohner gekommen sein. Der Heilige See über Salurn wurde besänftigt und beschworen, indem man den Fingerring der Muttergottes in seine Fluten warf.

Manche Sage mutet allzu dichterisch an, so die Erklärung der wunderbaren Farben des Karersees, die von einem Regenbogen stammen sollen, den ein enttäuschter Zauberer in den See schmetterte.

Ein sonderbares Gewässer scheint einst die *Urle-Låck* auf der Alm *Getrum* bei Reinswald gewesen zu sein. Ein Grab für unbekannte Wanderer oder ohne Sakramente Verstorbene, deren unerlöste Seelen dann nächtens aus dem Wasser klagten. Anders ist es mit den Quellen, von denen einige als heilige Quellen gelten, andere aber, besonders die intermittierenden, eher als geheimnisvoll.

Mit dem Wasser hat es ja auch sonst seine Bewandtnis. Es wird hoch geschätzt und sogar gesegnet, um als Weihwasser bei den Sakramentalien zu dienen. Auch dem guten Quellwasser verdankten die heilenden Wasser unserer alten Bauernbadlen ihren Ruf, wie die Quellen zum heiligen Mauritius und die wahrlich uralten Schwefelquellen von Moritzing und Bad Bergfall bei Geiselsberg. Unter den heiligen Wassern genießen die Augenwasser Berühmtheit. Fast alle heiligen Brunnen stehen in Verbindung mit einem Heiligen, dem heiligen Mauritius insbesondere, aber auch den heiligen Felix, Nikolaus, Korbinian, Medardus oder dem seligen Bischof Hartmann, der nach der Legende ungesunde Wasser zu Gesundbrunnen verwandelte wie die Hartmannbrunnen in Aufhofen, in Antholz und am Karerpass.

Die Cialdires

Der Göllersee mit Blick zum Burgstallegg bei Aldein. Dieser See gilt als verhext und als unheimlicher Ort, wo im Lauf der Zeit mehrere Menschen verschwunden sein sollen.

Unter dem Totenkirchl bei Villanders liegen die Seebergseen. Hier wurde ein Brandopferplatz aus dem 1. Jahrtausend v. Chr. entdeckt, was die Alm- und Weidewirtschaft in so früher Zeit deutlich belegt.

Die drei Seebergseen mit Weideumgrenzungen und eingefriedeter Dungwiese bei der Alm

Zu Füßen der St.-Nikolaus-Kirche in der Lüsner Oblat Petschied entspringt eines der heiligen und heilsamen Wasser, wie sie so häufig in unserem Land vorkommen. Die Quelle von Petschied gilt als heilsam gegen Augenleiden. Über der Kirche von St. Nikolaus ragt der Faller oder Gschlierer Bühel auf, der als bronzezeitliche Siedelstätte ausgewiesen ist. Der Sage nach gab es dort ein Loch, durch das man Steine auf das Dach einer versunkenen Kirche werfen konnte. Die Quelle entspringt unter der Kirche und wird in den Brunnentrog neben der neuen Lourdesgrotte geleitet.

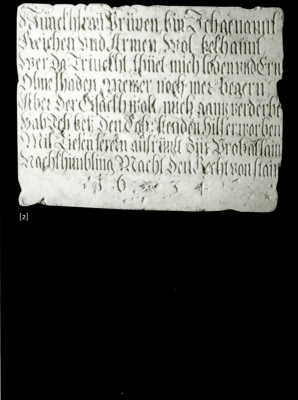

[1] Der *Lec Sant*, der heilige See in der Nähe des *Pic* bei St. Christina in Gröden galt als wichtige Kultstelle.

[2] Der Jungfrauenbrunnen in der Griesgasse in Brixen mit der Jahrzahl 1634. Hinter Elvas liegt tief unten in der Rienzschlucht das *Elfner Badl* mit unerklärlichen Zyklopenmauern.

[1] Unter dem Zwischenkofel auf dem Weg über das Joch von Lungiarü/Campill nach Abtei haust der *salvan de juel,* der *Wilde* vom Jöchl, und dort entspringen auf dem *Plan de Cialdires,* Ebene der Pfannen, die Quellen. Hier um diese wassergefüllten Pfannen hausten die guten *ganes,* die Wasserfeen.

[1]

[2] Die Etschauen bei Terlan im Dunst, die Ruine Maultasch und der Jubiläumhof von 1908

[3] Zu den Orten mit heiligen Wassern zählt auch St. Medardus im unteren Vinschgau. Er ist ein fränkischer Heiliger und gilt als Patron der Garten- und Feldarbeit. Sein Fest ist Lostag (8. Juni), wo es lieber nicht regnen sollte. Die heilsame Quelle wurde von Pilgern aufgesucht, das Wasser gegen fiebrige Leiden getrunken.

[2]

[3]

geheimnisvolles südtirol

[1]

[2]

[1] Der zugefrorene Durnholzer See im Sarntal lässt durch eisfreie Stellen die unterirdischen Quellen erahnen. Wenn der Fuchs über das Eis geht, sagten die Durnholzer, kann man mit den Holzfuhren drüberfahren. Der See soll der Sage nach als Strafe für die Missachtung des Feierabends entstanden sein, indem der Seeberhof überflutet wurde.

[2] Wie ein blaues Auge blickt der Karersee aus den grünen Wäldern. Von unterirdischen Quellen gespeist, schwankt sein Wasserpegel und erreicht erst im Hochsommer sein eigentliches Ausmaß. Die Tiefe des Wassers und das Leuchten der Farben sind ein Naturschauspiel.

Vor einem Menschenalter wussten Leute von Lärchen zu erzählen, die einst die *Urle-Låck* in den Sarntaler Bergen ober Reinswald umstanden. Hier fanden Wanderer, die beim Übergang vom Sarntal ins Eisacktal ums Leben kamen, ein nasses Grab. In die *Urle-Låck* sind auch die Seelen der alten Jungfern gebannt, ihre und auch die Seelen der Verunglückten und der nicht in der geweihten Erde Begrabenen irren in kalten Nächten klagend durch den Wald.

Der *Wilde See* im hintersten Valler Tal wechselt seine Farbe je nach Wind und Wolken, er ist grün, tiefschwarz und lieblich blau. Der Wilde See in seinem Bergkessel gehört zu den brüllenden Seen, die den Hirten und Sennern das Fürchten lehrten, zumal auf das Brüllen nicht selten schaurige Gewitter folgten.

[1] Nach der Meinung der Alten hausten in diesen Seen Drachen oder die Geister von Hexen und Zauberern. In den Wilden See soll die Seele eines Wirtes wegen des Raubmordes an einem französischen Offizier hineingebannt sein.
Auf der Alm *Pfanne* entspringt das geheimnisvolle *Goldbrünndl*.
Hinter dem Taschenjöchl in Schnals liegt der brüllende *Drachensee*.

[2] Seit 1560 ist das Peterbrünndl beim Wildbad Möders im Wipptal bekannt.

[1] Neben dem Hartmannsstein in Antholz entspringt die Hartmannsquelle, die den seligen Bischof Hartmann von Brixen tränkte, der von seinen räuberischen Vögten des Hochstifts bedrängt wurde, sich zeitweilig verstecken musste und den labenden Brunnen mit besonderem Segen ausstattete.

[2] Antholz, Berger-Alm: In der Bildmitte befinden sich Hartmannsstein und -brunnen.

[1] In Aufhofen gibt es ebenfalls einen Hartmannsbrunnen neben der Kirche, der in alten Urkunden Erwähnung findet, so wie der Hartmannsbrunnen am Karerpass.

[2] Nach St. Johann im Walde bei Pens pilgern am Johannestag (24. Juni) Leute aus dem Jaufental. Vor dieser Johanneskirche gibt es eine bescheidene Quelle mit Heilwasser und Heilschlamm.

[3] Laatsch: Neben der St.-Cäsarius-Kirche liegt die Kapelle der heiligen Ärzte Kosmas und Damian in Flutsch. Es ist durch ein Quellheiligtum und einen Raum ausgezeichnet, in dem Pilger sich zum Heilschlaf niederlegen konnten.

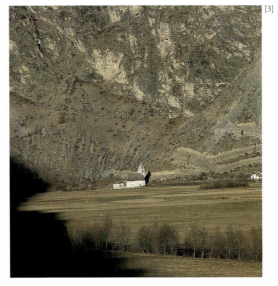

Das Heiligtum Johannes' des Täufers in Haselried bei Pfalzen mit Kirche, Kapelle und Heilwasser. Es galt als Augenwasser, zu dem Leute aus näheren und ferneren Weilern kamen, um sich die Augen zu waschen – in Zeiten der Rauchküche und des Petroleumlichtes durchaus notwendig und verständlich.

In Stilfs im obersten Vinschgau sprudelt mitten im Dorf die berühmte *Fassuraquelle*, für die im Jahr 2001 ein neuer Brunnentrog geschaffen wurde. Die *Fassuraquelle* gilt als Heilwasser. In der Nähe sind ja auch die Heiligen Drei Brunnen (Trafoi).

[1] Die sagenumwobene *Fontana dl Zirmo* entspringt an der Grenze zwischen Ampezzo und Enneberg. Der Quellplatz, an dem über lange Jahrhunderte ein Zirm stand, war des lieben Viehs willen heilig und wie eine Stätte des Asyls. An Grenzstreitigkeiten mangelte es in dieser Gegend nicht. 1497 drangen die Ampezzaner bis St. Vigil vor und zerstörten die Kapelle des heiligen Kaiserpaares Heinrich und Kunigunde. Später wurde vom *col varda* (guardia – Wache) Ausschau nach räuberischen Eindringlingen gehalten.

[2] Der grün spiegelnde Limosee, Ort so mancher Sage im Reich der Fanes

[1] Oberhalb von Salurn, am alten Weg aus dem Etschtal über das Fleimstal nach Venedig, liegt in Waldeinsamkeit der *Heilige See* (Lago Santo). Diesen Weg nahm 1494 auch Albrecht Dürer auf seiner Reise nach Venedig, da das Etschtal überschwemmt war.

[2] Geschnitzte große Brunnenfiguren sind in Südtirol nicht mehr häufig. Der *Persoarer Toozn* in Lüsen zeigt handwerkliches Können und wohl auch Sinn für Humor.

[1] Im Weiler Freins bei Lajen steht eine Kirche zum heiligen Johannes dem Täufer. In der Nähe entspringt die zeitweilig fließende Quelle.

[2] Hoch über Rein im Tauferer Tal liegen die Koflerseen, in die der Sage nach Senner hineingebannt sein sollen.

[3] Zwei Seen unter dem Tagewaldhorn. Das riesige Weidegebiet *Suure* ist wegen der *Beißwürmer* und Schlangen gefürchtet.

[1] Am schattigen Getzenberg gibt es eine sagenhafte Quelle, die *Ganarunna,* wo eine *gana,* eine gütige Waldfrau, lebte.
Der Ewige Jude, der auch hier des Weges kam, trank von diesem Quellwasser und fand es so gut wie die Quellen des Jordan.

[2] Almbrunnen unter der *Köpflplatte* bei Schluderns. Die Brunnentröge speichern und wärmen das eiskalte, den Tieren schädliche Wasser; im Hintergrund Glurns, Tartscher Bühel und Mals.

[1]

[2]

[1] Der herrlich blau leuchtende Antholzer See unter den schroffen Rieserfernern war in alter Zeit ein Zankapfel um die Fischereirechte, die bis 1803 zum Hochstift Brixen gehörten. Der See ist gefährlich und forderte immer wieder Opfer. Der durch Bergsturz entstandene See ist tief. Der Lauterfresser, der sogar nach Antholz kam, wollte den See auslassen, drei Körnchen Sand vom Grund des Sees hätte er für sein sauberes Zauberstück gebraucht.

[2] Sagenhaft sind auch die Schrüttenseen am Übergang von Schalders nach Durnholz. Hier ging einst das Seemanndl um, auch verlorene Seelen leiden hier die kalte Pein bis zum Jüngsten Tag.

[1] *Ega di San Vit* im Rautal, Enneberg: Um den 15. Juni (St. Vitus) brechen die Wasserquellen aus den Fanesbergen.
In der Zeit des Vigilius-Festes (26. Juni) entspringt in einer Höhle unterhalb der Kirche St. Vigilius von Seis eine Heilquelle.

[2] Am Reschen mäandert das *Stillebachl* durch die Wiesen und fließt nach Norden und zum Inn. Gut sind die Ableitungen für die *Ilzen* erkennbar. Am *Stillebachl* sollen Salige, *Wilde Fraielein,* gehaust haben.

Hoch über Mölten, am Übergang zum Sarntal, stehen die *Stoanernen Manndlen*. Von Hirten einst aufgeschichtet, zu welcher Ordnung bleibt uns unbekannt, waren sie schon zu Zeiten der armen *Pachlerzottl* im 16. Jahrhundert als Hexenplatz bekannt. Über allem aber ragt bannend das dreibalkige, wirkmächtige Wetterkreuz.

HEILIGE STEINE

In der mythologischen Landschaft Südtirols gibt es viele Steine, um die sich Sagen ranken oder die bereits der Überlieferung und dem Gedächtnis entschwunden sind. Dazu zählen sicher die Menhire. Man neigt heutzutage dazu, sie mit dem Ahnenkult in Verbindung zu bringen, doch können auch ganz andere Bedeutungen dahinter stecken.

Ähnlich unerklärbar sind die Schalensteine. Es gibt unzählige Schalensteine, an Wegen und im Almbereich. Manche, besonders die an Kirchenschwellen und im sakralen Bereich liegen, werden sehr alt sein und auch kultischen Zwecken oder als Schabsteine gedient haben. Andere liegen an einer Totenrast, wo vielleicht Lichter entzündet wurden, aber wenn, dann sicherlich erst in geschichtlicher Zeit. Andere Schalen sind vielleicht Hirtenspielereien oder Arbeitsspuren von Steinhauern. Schöpfungsmythen und Astronomie mag bemühen, wem der Sinn danach steht.

Manche Schalensteine stehen jedoch in sagenhafter Tradition, wie der Hexenstein in Winnebach bei Terenten. Dort wurden die Grübchen aber angeblich von den Krallen des Teufels eingegraben. In Stein gemeißelte Mühlespiele wie auf der Tschötscher Heide und in St. Georgen bei Bruneck sind gewiss rätselhaft wie auch die Rutschbahnen auf Castelfeder und bei Elvas, die gern mit Fruchtbarkeitskulten in Verbindung gebracht werden und in der Schweiz Kindlisteine heißen. Unter den Wackelsteinen, deren es naturgemäß nur wenige gibt, ist der Ölknott oder Siebeneich der bekannteste.

Den Rutschbahnen vergleichbar sind die *Schliefsteine* bei Wallfahrtskirchen. Im Durchschreiten der engen Spalten sollten die Sünden abgestreift werden. Ansonsten wären noch als besonders geheimnisvoll die *Steinkreise* zu nennen oder andere Steinsetzungen für eine heilige Handlung.

Sagen und Legenden sehen häufig Spuren, sei es von Teufelskrallen oder von Fußeindrücken von Heiligen, von Wolfgang, Kassian, Zyprian oder Hartmann. Steinerne Gebilde werden gern gedeutet als *Muttergottessitz* (Lajen) oder *Hexensessel* (Puflatsch).

An den Portalen, Taufbecken und Fassaden der romanischen Kirchen werden es wohl in Stein gebannte Monster und Dämonen sein (Burgeis, Hafling, Untermais), die ihrerseits dazu da sind, das Böse zu bannen und fern zu halten.

Der *Trößstein* bei Laurein (Deutsch-Nonsberg)

Die *Stoanernen Manndlen* im Winter, oben in der Bildmitte das Vigiljoch

[1] Der sagenumwobene *Lageder-Stoan* auf den Almen oberhalb Latzfons und Feldthurns ist eine *Grenzmarch* mit eigener Parzellennummer. Obenauf ist ein Kreuz eingemeißelt, damit sich die Hexen nicht draufsetzen können.

[2] In den Aferer Geislern gibt es als altes Grenzzeichen den *Anèl ladin*, den welschen Ring. Im Hintergrund die *Gunggan-Wiesen*, die Lasanke und Lüsen.

Nahe dem Nunnewieserhof in Terenten liegt im Wald ein gewaltiger Felsblock (31 Meter Umfang!), als Landmarch bis Olang im Osten und Meransen im Westen. Der *Toiflstoan* oder *Marchstoan* ist vom Teufel von Lüsen hergeschleppt worden, um ihn von der Bergschneide hinunter nach Mühlwald zu kegeln. Das morgendliche Betläuten in Terenten hat das höllische Vorhaben beendet, der Teufel musste den Stein fallen lassen. Zwischen Lüsen und St. Leonhard liegt der *Fueder-Stoan*. Neben dem Gleifkirchlein ober Eppan wollen Leute einen *Teufelssitz* erkennen.

Zu den rätselhaften Dingen aus vorgeschichtlicher Zeit gehören auch die Menhire, die mächtigen Figurensteine, mit ihren Zeichen. Sind es Götter, Heroen, als Götter verehrte Ahnen? Das Wort soll keltisch sein und Langstein bedeuten.
Oben der prachtvolle Menhir von Latsch, den der Archäologe Hans Nothdurfter 1992 im Altar der Bichlkirche gefunden hat.

[1] In Südtirol gibt es mehrere Menhire, einer steht auch im Wald unterhalb vom *Moar in Ums*, Villanders.

[2] Der Menhir oder *Langstein* im Wald unterhalb des Hofes

116 GEHEIMNISVOLLES SÜDTIROL

[1] Einen *Teufelsstein* hat auch das Avignatal bei Taufers im Münstertal (Vinschgau). Hier ist sogar der Abdruck einer Teufelspratze im Stein zu sehen.

[2] Ein Kobold, ein Zauberwesen mit Händen wie Palmwedel, ist das Männchen an der Tür der Pfarrkirche von Burgeis im Vinschgau.

[1] Der Hartmannsstein in Antholz soll dem verfolgten Bischof als Unterstand gedient haben. Vom Ausschauhalten auf diesem Stein kündet ein Fußabdruck, wie beim *Ziprisser Stoan* unterhalb der Sarner Scharte.

[2] Der *Groaßstoan* in Meransen, ein Granitfindling von beträchtlichen Ausmaßen, trägt obenauf Schälchen. Gegenüber liegt im Wald von Spinges der *Wiegete Stoan* (Wackelstein).

Bedrohlich sieht er aus, der Hexenstein von Vintl. Die Anwesenheit eines derartigen Blocks hat man sich nicht anders denn als Werk des Teufels oder seiner engeren Gefolgschaft deuten können.

Bei den *Stoanernen Manndlen:* Ursprünglich waren es kräftige Säulen,
in neuerer Zeit werden sie aus kleineren platten Steinen von Kindern und
Wanderern aufgeschichtet.

[1] In die Zeit der romanischen Siedler im Hochpustertal geht das Höhenheiligtum St. Silvester in der Alp bei Winnebach zurück.

[2] Mit dem rohen Mord am Marienberger Abt Hermann von Schönstein durch den Vogt Ulrich von Matsch am 26. August 1304 hängt die Sage vom untilgbaren Blutfleck am *Prälatenstein* in Schlinig zusammen. Der *Prälatenstein* ist die kleine Platte neben dem Felsblock.

Dämonenskulpturen aus romanischer Zeit blicken bannend und gebannt von so manchem Kirchturm wie hier vom Kirchturm von Burgeis [1], von Rentsch [2] und Seis [3].

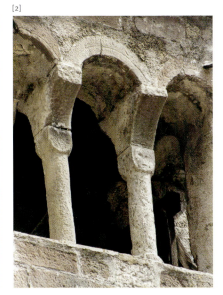

[1] Aus der frühgotischen Apsis der Pfarrkirche von Terlan blickt ein Neidkopf.

[2] Ein unheimliches Gesicht blickt vom Penoner Kirchturm.

[3] Burgeis: Ein rätselhaftes Wesen greift sich an den Kopf.

[4] Es scheint, die alte St.-Peters-Kirche zu Gratsch sei die Überbauung eines alten Kultsteines.

[1] Der *Trößstein* bei Laurein am Nonsberg, von alters her Grenzmarch zwischen deutschen und italienischen Nonsbergern

[2] In Verdings ober Klausen: eine Steinplatte am Eingang zum Friedhof mit noch unbekannten Wappen und Grenzkreuz. Vielleicht ist es eine Erinnerung an einen geschichtlichen Grenzstreit oder ein Schwurplatz.

Dem eifrigen Forschen und Nachdenken zum Trotz: Die Schalensteine bleiben ein Geheimnis. Sie liegen an den Schwellen der Kirchtüren wie in Gufidaun [3], sie befinden sich an Kirchsteigen wie z. B. in Völs-St. Konstantin [4] und alten Wegen. Eine befriedigende Deutung bleibt uns versagt.

[5] Auf dem Kirchplatz von St. Georgen liegt der Palmstein, möglicherweise ein Gerichtsstein, wo in alter Zeit *Taidinge* (Gerichtssitzungen) abgehalten wurden.

[1]

[2]

[3]

[4]

[4]

[3]

[5]

[1] In Dorf Tirol rief an dem mit einem Kreuz bezeichneten Stein der Gemeindebote die Bekanntmachungen aus. So tat auch der Rufer in Riffian, der »Beriefer« in Lüsen und anderswo.

[2] Rätselhaftes Zeichen im Kreuzgang zu Brixen

[3] Am Glockenturm der Pfarrkirche von Kortsch sind zwei vorromanische Marmorköpfe eingemauert.

[4] Steinerne Köpfe an der Pfarrkirche von Terlan

[5] St. Leonhard bei Brixen: Romanisches Steinmännlein und Leonhardikette am Turm

Am Glockenturm von Tagusens im Eisacktal [1] ist in seltener und geheimnisvoller Weise der Kopf eines Juden herausgemeißelt, so wie auch die Figuren, erkennbar eine Menschengestalt und der Kopf eines Rindes, am romanischen Fries an der Südseite des Glockenturmes zu Untermais [2].

[1] Untermais: Viel und vergeblich gedeutet – der Stein mit den Köpfen und dem langobardischen Flechtornament.

In Tramin [2] finden wir einen Christophorus, vermutlich aus dem frühen Mittelalter; am gotischen Glockenturm von Flaas [3] zwei ziemlich wüste Fratzen; einen gebannten Dämon aus Heilig Geist in Prettau [4] und aus der Millander Liebfrauenkirche [5] die ehemalige Eingangsbodenplatte mit dem rätselhaften Tier.

[1]

[2]

[3]

[4]

[5]

[1] Nicht unbekannt, aber nicht deutbar ist die Figur am vorromanischen Sandsteinrelief von Hafling. Die Menschengestalt könnte auch eine Fackel halten und das Rad die Sonne bedeuten.

[2] In der Apsis von St. Florian bei Laag beeindruckt der Männerkopf, umgeben von zwei Palmwedeln. Die Skulptur ist romanisch.

[3] Spätromanischer Kopf am Turm der Johanneskirche von Göflan (Meinhard II. von Tirol?)

[4] Der bärtige Mann ist vielleicht ein Pilger mit großer Gebetsschnur (Vill in Neumarkt).

[1] St. Johann im Walde bei Pens: Christuskopf als Gewölbeschlussstein

[2] Romanischer Kopf in Schloss Ehrenburg

Zahllos sind die *Schalensteine* in unserem Land; schwer ist es, sie zeitlich einzuordnen, und noch schwerer, ihren Sinn und Zweck zu deuten. Die Schalensteinplatte im Kreuzgang zu Brixen [1] und an der Kirche zu Burgeis [3] werden wohl als *Grübchen-Gedenklichter* für arme Seelen gedient haben; die Schalen mit Kreuz am Grenzstein zwischen Brixen und Neustift [2] könnten durch eine Rechtshandlung bei Grenzfeststellungen entstanden sein.

Tiere und Pflanzen

Die Linde, schnell und hochwüchsig, ist nicht nur ein von Mensch und Bienen geschätzter Baum, sondern trägt auch die Symbolik, ein Baum der Gemeinschaft zu sein. Unter der Linde wurde getanzt, gefeiert, aber auch Gericht gehalten. Im Bild die vierhundertjährige Linde bei der Kirche von Aicha im Eisacktal.

Im Reich der Natur, unter den lebenden Wesen, gibt es so manches, das uns nicht ganz geheuer ist und geheimnisvoll vorkommt. Unter den Pflanzen sind es vor allem Bäume, die wegen ihres Aussehens oder Alters Ehrfurcht erwecken. Bäume scheinen tatsächlich verehrt worden zu sein, wie der heilige Baum in Vals, auf Ganwall beim *Jaggele* ober Onach oder in Nauders hinter dem Reschen. Da und dort (z. B. in Aicha) ziert noch eine mächtige Linde den Dorf- oder Kirchplatz.

Da die Bäume so alt und groß werden können, Nadeln und Blätter erneuern, sind sie auch ein Sinnbild ewigen Lebens. Ihre Wurzeln reichen hinab in das Erdinnere, die Wipfel ragen hoch hinauf. So verbinden die Bäume Himmel und Erde. In den alten Mythen sind es vor allem Esche und Eiche, die als heilige Bäume galten, so die Esche Yggdrasil, der Weltenbaum der Germanen, und die weissagende Eiche im Hain von Dodona in Griechenland. Diese war dem Zeus geweiht, aus ihrem Geäst sprachen im Orakel die Frauen. Mit dem Grün des Buchsbaums verbinden sich wohl Vorstellungen der kräftigen Abwehr, als Friedhofspflanze und heute noch als Hutschmuck der Antoniusmänner, der Säbenpilger aus dem Gadertal.

Zu den Bäumen gesellt sich auch die zauberumwobene Mistel, die Glücksbringerin, die Fruchtbarkeit und Wachstum verspricht. Im Norden gehört sie deshalb seit langem zum Weihnachtsschmuck. Als Heilmittel und Talisman galt sie bereits im Altertum, Aeneas gelangte im Schutz der Mistel ins Totenreich. So manche Pflanze steht im Ruf, nicht nur heilsam zu wirken, sondern auch für anderes brauchbar zu sein, andere wiederum genießen fast religiöse Verehrung, wie die verschiedenen Muttergottesblumen.

Bäume sind auch in unserem Brauchtum wichtig: der Christbaum, der Maibaum und der *Kirschtamichl*.

Sterzing: Wolfskopf am Ostgiebel der Wallfahrtskirche Unserer Lieben Frau im Moos

Tierköpfe, Wolf und Bär, an der Fassade der Pfarrkirche St. Blasius von Truden

Barocker Wasserspeier am Brixner Dom

[1] Unter den Höfen am Tschögglberg gibt es mehrere, die als Urhöfe ausgegeben werden und in geheimnisvolle ferne Zeit zurückreichen. In großer Einsamkeit der Urhof *Padoj* ober Mölten.

[2] Am *Schwab-Pinggl* bei Schlaneid darf wohl ein Hünengrab wie beim *Tschaufer* vermutet werden.

Ober Verschneid erstreckt sich der Hexenwald, dessen Zauber im stimmungsvollen Winterbild zu erahnen ist.

[1] Bäume sind lebendige Wesen. Der Mensch hat vor ihrer Größe, ihrer Schönheit oder auch vor ihrer Standfestigkeit größte Achtung. Achtung gebührt auch dem Hagestolz, dem Zirm, der einsam an der Kante unter der Flatschspitze (Geiselsberg) aufragt und den Wettern trotzt (Bildmitte).

[2] Alter oder Sturm fällten 1897 den Baumriesen beim Großgasteiger in Mühlwald. Der *größe Baam* erregte lange das Staunen der Mühlwalder. Die Reste werden als mächtiger Stamm im Museum in Dietenheim gezeigt.

[1] Am alten Weg von Mühlbach nach Meransen, von müden Berglern und Pilgern beschritten, heißt es *Bei der Linde,* wo auch die Drei Heiligen Jungfrauen Aubet, Cubet und Quere gerastet haben sollen.

[2] Heilige Bäume: Manchmal scheint der kirchlichen Obrigkeit die Verehrung zu weit zu gehen. So wurde auch die Wallfahrt zum *Heiligen Baum* von Nauders 1855 untersagt, die Lärche gefällt. In der Nähe des Baumes waren unstatthafte Handlungen, z. B. Fluchen, besonders verboten. Von einer immergrünen Lärche im Wald bei Nauders holten die Frauen dieser Gegend (einst) die Kinder.

Am Anastasienberg bei Rasen steht einsam im Wald die Burgruine Neurasen. Darin stand noch vor etlichen Jahren eine seltsame Baumgestalt, als ob ein schlafender Drache die Mauern bewachte. Leider wurde *der Larch*, dessen Wuchs schlechten Strahlungen zuzuschreiben ist, zurechtgestutzt und sozusagen hingerichtet.

[1] *Hexenbaum* und *Hexenplatz* für Berührungszauber bei Lengstein am Ritten. Im nahen felsigen Gelände liegt die *Hirschkuchl*.

[2] *Grenzbaum* in den Bergen der Fanes

Hoch von den Kirchtürmen und von uns Menschen selten beachtet blicken die Wasserspeier herab, oft in Gestalt von Löwen oder Drachen. Der Löwe als guter Wächter oder als Sinnbild des Teufels, weil ja darüber, an der Spitze des Kirchturms, das Kreuz aufragt oder auf Wetterfahnen ein Heilsmonogramm wie in Trens. Löwen als Wasserspeier in St. Georgen [1] und Milland [2].

Der Hahn auf dem Kirchturm ist der Wächter, der den Tag und Christus, das wahre Licht, begrüßt, und erinnert an die Verleugnung Christi durch Petrus, er ist aber auch Zeichen Christi, der den Tod und den Todesschlaf überwindet. Einen schönen Kirchturmhahn gibt es z. B. in Milland [1] und auf dem Turm im Lajener Ried [2] (dahinter Tagusens). Wetterfahne [3] auf der Gnadenkapelle von Maria Trens.

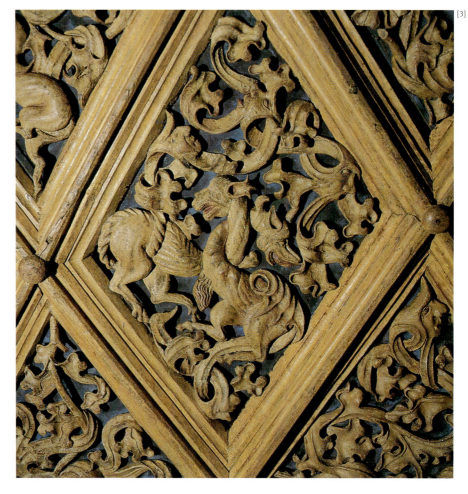

[1] **Algund:** Die Vorstellungswelt früherer Zeiten war von Symbolen, Bildern und Zeichen geprägt. Ein rätselhaftes Tier ist der Greif, halb Vogel, halb Pferd oder Löwe; er war schon im Altertum in den orientalischen Kulturen als Fabelwesen verbreitet.

[2] Am Kirchturm zu Trens hat der Wasserspeier die Gestalt vielleicht eines Wolfskopfes, der heimischen Steinmetzen vertrauter war.

[3] In der prächtigen Kassettendecke im Ansitz Jöchlsturm in Sterzing sind ebenfalls kämpfende Greifen dargestellt. Auch die Spätgotik liebte noch die Symbolik dieser Fabelwesen.

[1]

[1] Die reiche, uns Heutigen nicht mehr zugängliche Bildwelt der Volkskunst treffen wir in der gotischen Balkendecke der Gerichtsstube zu Niederdorf. Die Inschriften in dieser Stube sind noch nicht gänzlich entziffert. In die Balken sind allerlei Tiere und Pflanzen geschnitzt, aber auch das Band mit den verschlungenen Hexenknoten.

[2] Jöchlsturm: Blattwerk verschlingender Drache

Der *Wilde, Dreiköpfige Mann* in den Brixner Lauben, der in die drei Gassen zu seinen Füßen blickt. Der Kopf in der Mitte stammt aus dem 16. Jahrhundert, die beiden anderen sind ein Jahrhundert jünger. Vom Mann geht die scherzhafte Erzählung, dass er am Karfreitag beim *Zwölferläuten* Golddukaten speit.

wilde, hexen und salige

Viele Sagen erzählen von Wilden Leuten und Saligen, die den Menschen meist gut gesinnt waren, bis man ihnen einen Verdruss bereitet hatte. Weit in das Mittelalter, ja bis in das Altertum zurück reicht auch der Hexenglaube, von den Frauen, die nächtens auf Besen ausreiten, von solchen vor allem, die Schadenzauber üben. Absonderliche Erscheinungen wie der Hexenbesen auf den Bäumen werden ihnen angedichtet, ihre einstigen vermeintlichen Tummelplätze leben im Gedächtnis fort, und auch in den Ortsbezeichnungen und in der Sprache sind sie gegenwärtig, denn nicht selten scheint uns alles wie »verhext«. Die Walpurgisnacht wird wieder belebt, und die Geschichte der Hexenverfolgung findet größte Beachtung.

Die Wilden, Riesen, Zwerge, Norggen, Saligen und andere Gestalten lebten in Erzählungen und fanden dann und wann auch bildlichen Ausdruck. Ein frühes Zeugnis ist der Waldmensch Iwein auf den Fresken in der Burg Rodenegg (um 1210). Solche sagenhafte Gestalten, aus dem Altertum herrührend, sind auch die Sirenen auf den Christophorusdarstellungen und andere Mischwesen.

Der Wilde Mann ist Bestandteil so mancher Fasnachtsumzüge, seit der Romanik auch in Stein gebannter Dämonen auf den Kirchen- und Turmmauern.

Berühmt ist ja der dreiköpfige Wilde Mann in den Brixner Lauben. Die Vorstellung von Wilden verbreitete sich besonders im Spätmittelalter, wo man sich die Bewohner mancher Länder als Halbmenschen dachte. Die Renaissance hat dann die Satyrn und andere bockfüßige und behaarte Wesen der Antike wieder bekannt und beliebt gemacht. Der Wilde Mann wurde zum Wappenmotiv, so auch des Weihbischofs Gregor Angerer von Angerburg.

In der Volkserzählung gibt es nicht nur die *Wilden Männer* mit wüstem Aussehen, es gibt auch *Wilde Frauen*. Aber die sind meist lieblich und schön! Wild ist nur der Aufenthaltsort der Saligen und Feen der Märchen im Wald oder in den Bergen.

Eine hässliche Wildfrau hingegen ist im romanischen Bestiarium von Kastellaz (Tramin) als ein Sinnbild des Lasters dargestellt.

Die alte Wipptaler Familie Wild führt seit vierhundert Jahren im Wappen einen *Wilden Mann* (ihr Stammsitz ist der Wildenhof in Mareit, der Stadtansitz die Wildenburg in Sterzing).

Figuren dieser Art fanden auch Eingang in die Volkskunst, besonders im Schmiedehandwerk.

Pfeilerträger in der Heilig-Geist-Kirche hinter Prettau

Masken beim *Klosn* in Stilfs

Kopf in Schluderns, St. Michael

[1]

[3]

[2]

[3]

150 Geheimnisvolles Südtirol

[1] Der *Norggenwald* am Tschögglberg gegen das Sarntal hin. Der Wald gilt als Reich der *Norggen,* der Zwerge, Vertreter eines vertriebenen oder an den Rand gedrängten Volkes.

[2] Am *Norggenkofl*

[3] Die Gestalten an der Rückwand von St. Johann im Walde bei Pens gehören auch zu den rätselhaften Erscheinungen: Sind es Hexe und Zauberer, handelt es sich um ein tanzendes Paar, Nachahmungen von Tanzdarstellungen? Hinter Neustift bei Brixen liegen am linken Eisackufer die *Norggenlöcher,* von Deutschnofen geht nach Süden das *Orggental.*

[4] Bei Gargazon im Etschtal gibt es den *Norggenwald,* zu Füßen liegt als geheimnisvoller Platz der *Goldkopf* (Bildfortsetzung nach oben siehe Seite 70).

[5] *Wilder Mann* in der Liebfrauenkirche am Brixner Kreuzgang (Grabstein Reiching, um 1551)

[6] Weihbischof Gregor Angerer war nach 1510 auch Pfarrer von Villanders. Er führte den Wilden Mann, der ein abgeschlagenes Haupt beim Schopf hält, im Wappen. Dieses Wappen finden wir im Gewölbeschlussstein und im Renaissance-Taufstein (1521). Wilde Leute treten in der Kunst des späten Mittelalters und der Renaissance oft auf. Germanische Waldgeister und antike Satyrn leben in ihnen weiter (vgl. S. 170).

[1] Auch im Iwein des Hartmann von Aue kommt (Vers 425 ff.) der *Salvan*, der Wilde Mann, vor. Er zeigt dem Ritter Iwein den Weg zum verzauberten Brunnen.

[2] Den mit einer Keule bewaffneten behaarten gutmütigen Waldgeist hat der Maler auf Schloss Rodenegg dargestellt, nur wenige Jahre nach der Vollendung der großen Verserzählung Erec und Yvain (um 1200).

Wie tief sich der leidige, Jahrhunderte währende Hexenglaube in das Denken des Volkes eingenistet hat, zeigt sich auch in der Benennung gewisser Berge als Hexenplätze, so wie der *Hexensessel* [3] auf dem Puflatsch oder der *Sas dles stries* [4], der Hexenkofel, bei Andraz.
In der Bildmitte die hoch gelegene St.-Raphaels-Burg, wo Nikolaus Cusanus Zuflucht fand.

[3]

[4]

[1] Das Astjoch am südlichen Höhenrücken des unteren Pustertales ist ein vorgeschichtlicher Siedelplatz, der Tschuppwald mit der Hirschlacke war Aufenthaltsort des *Lauterfressers,* Maria Veronika Rubatscher († 1987) lässt hier die Geschichte vom *lutherischen Joggile,* einem Wiedertäufer um Jakob Huter (verbrannt 1536), spielen.

[2] Eine Seltenheit dürfte das Pentagramm an einer Kirchtür, wie hier in Hofern, sein, diente es doch dazu, dem Teufel Ein- oder Ausgang zu versperren.

[3] Den *Drudenfuß* finden wir auch am gotischen Opferstock in Vintl.

[1] Der *Krauthaufen*, der alte Brandopferplatz am Schlern. Santner (links) und Euringer hießen einst Teufelsspitzen.

[2] Einen Hexenplatz gibt es auch beim Miglerhof am Westabhang des Rittens.

[1] Im Montiggler Wald bei Girlan ragt der Wilde-Mann-Bühel auf. Eine bedeutende Wallburg und Urzeitstätte, die einen Rundblick auf mehr als drei Dutzend Urzeitstätten hat. Wie weit die Bezeichnung Wilder-Mann-Bühel zurückreicht, lässt sich schwer sagen.

[2] Am Gerichtsgebäude zu Niederdorf ist ein Wilder Mann aufgemalt, der an einer Kette die Wappen der Grafschaften von Görz und Tirol hält, in der anderen Hand ein Spruchband mit der Inschrift: »Glück ist mein Geding wen ich vil mer gen hofe bring.« Der hier ansässige Landrichter hat die Sachlage richtig erfasst.

[3] Die Burg Hocheppan mit ihrer wechselvollen Geschichte ist wegen einer Mordtat der Grafen an einer päpstlichen Gesandtschaft als Folge des Kirchenbanns verhext. Die Sage kennt dort auch ein goldenes Kegelspiel. An der Außenwand der Kapelle verfolgt der Reiter den Hirsch.

[1] In der Meraner Pfarrkirche zeigt ein Schlussstein im Gewölbe einen trauben- und weinlaubumrankten Kopf, der wie ein junger Dionysos lächelt.

[2] Die Pfarrkirche zum heiligen Stephan in Ried bei Sterzing beherbergt die Bilder vieler Heiliger, die zum Bannen von Dämonen und sonstigen Gefahren angerufen wurden: die Wetterherren Johannes und Paulus, Oswald, Georg, Michael und den Schutzengel.

BRÄUCHE

So viel auch über das Nikolausbrauchtum schon geschrieben sein mag, immer neu geheimnisvoll bleiben die Masken und was ihre Träger bei der Brauchhandlung, dem Rollenspiel als dämonische Wesen, denken und empfinden. So wie die *Schiachn* oder *Klaubaufe* beim *Klosn* in Stilfs.

[1]

[1] Wir sind wieder in der Nähe des Norggenwaldes am Tschögglberg. Im Holdertal bei Jenesien steht ein Wetterkreuz mit drei Balken. Das dreibalkige Kreuz soll besondere Wirkkraft haben, geht es doch auf den heiligen Papst Silvester, den Viehpatron, zurück. Das Vieh auf den Almen ist von jeher durch Wetter und Blitz gefährdet.

[2] Turmkreuz von San Lugano

[2]

Immer noch ist Tirol ein Land mit einem lebendigen Brauchtum, das sich vor allem um die Hochfeste des Kirchenjahres rankt. Das einst so reiche Brauchgeschehen im Arbeitsjahr der Bauern und Handwerker ist allerdings so gut wie abgestorben, aber es entstehen im Rahmen der Freizeitgestaltung neue weltliche Bräuche wie der Wolkensteinritt und andere.

Im Reigen der Kirchenfeste, insbesondere in der Weihnachtszeit, stehen Brauchhandlungen, die wohl nie ganz schlüssig erklärt werden können, vor allem nicht wegen der Masken und Vermummung wie wir sie beim *Klosn, Klaubauf-Laufen* und *Klöckln* antreffen.

In sehr ferne Zeiten scheinen manche Bräuche um Feuer und Licht zurückzureichen. Zuallererst dürften sie mit Totenbrauch und Opfer zusammenhängen. Bei manchen Völkern in Nord und Süd gehörten Lampen zu den wichtigen Grabbeigaben, die Vorstellung vom ewigen Licht ist Teil unseres Jenseitsglaubens, und so findet sich auch das Licht auf den Gräbern. Die Kirche hat Feuer und Licht in die Liturgie hineingenommen, aber im Volksbrauch leben auch noch andere Denkweisen fort. Andere Bräuche dienen dazu, gefährliches Feuer abzuwenden, so der bestimmt merkwürdige, in Terenten noch erhaltene Eierbrauch oder das Verbrennen geweihter Zweige in der Herdglut. Das Gedeihen von Mensch und Tier, Haus und Hof wird Gottes Segen anheim gestellt. Ausdruck dieses Verhaltens sind die vielen Bittgänge, von denen die Kassiansprozession der feierlichste, der Ahrntaler Kreuzgang mit dem durchschossenen Herrgott nach Ehrenburg aber der eigenartigste ist. Warum wird das von der Frevelsage umwobene Kreuz mitgetragen? Gerade das Kreuz sollte doch in unseren christlichen Breiten keine Frage offen lassen. Von Totenrasten bis zum drei- oder zweibalkigen Wetterkreuz, vom Malkreuz am Dachfirst bis zum Kreuz am Strunk des gefällten Baumes, vom Ritzzeichen an einem Heiligenbild bis zur Felszeichnung als bannendem Gegenstück zum Drudenfuß, Fragen über Fragen. Bräuche berühren die im menschlichen Wesen ruhenden Anlagen und Ängste und sind Hilfe im Dasein.

Wegen ihrer Art und nicht wegen ihres Alters dürfen wir mit Vorbehalt von heidnischen Bräuchen sprechen.

Die *Schnappviecher* oder *Wudelen* in Tramin

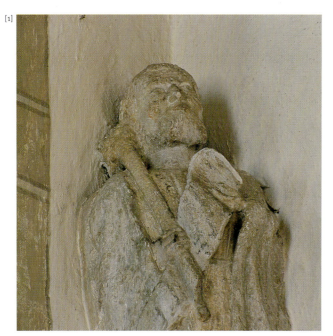
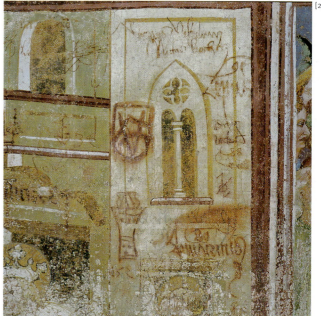

[1] In der Kirche zu Truden steht das Bildnis eines Richters oder bischöflichen Beamten mit einem Szepter in der Rechten.

[2] Schon vor langer Zeit gab es das Verlangen, sein Hiersein durch eine Inschrift zu bezeugen. Solche Inschriften, meist mit Rötel ausgeführt, bleiben für uns ein Geheimnis.

[3] Romanische Kreuze an der Türschwelle der Helenakirche zu Mühlbach

[4] Mannigfach sind die Schutzzeichen für Haus und Heim: ein Malkreuz und ein Hufeisen, das, besonders wenn es gefunden wurde, als Schutz für Haus und Stall gilt (Sàcun-St. Jakob/Gröden)

[1]

[1] Die hohen geistlichen Würdenträger Joseph Kardinal Ratzinger und sein Bruder Georg mit Pfarrer Gottfried Kaser vor dem legendären Kreuz (8. August 2001)

[2] Früher erzählte man sich in Prettau viel über das durchschossene Kreuz. Von Frevel und von vergeblichen Versuchen, die Einschusswunden zu schließen. Eine Kopie steht in der Kirche zu Heilig Geist. Das echte Kreuz wird aber alljährlich beim Bittgang zur Kornmutter nach Ehrenburg mitgetragen.

[2]

[1] Auf der Kircherspitze ober Pens wacht schützend das Wetterkreuz.

[2] Von Sagen und von volksfrommen Gedanken und Hoffnungen umwoben sind so manche Glocken in unserem Land, die als Wetterglocken sich besonderer Hochschätzung erfreuen. Das gilt auch für die alte Glocke von St. Verena am Ritten. Sie trägt die Inschrift: »o maria hilf uns aus aller not.«

[3] Aus dem weit schauenden Turm von St. Pauls verkündet die große Glocke des Gießermeisters Graßmayr die Segensmacht und Königsherrschaft Christi.

[1] Im Kloster der Klarissen zu Brixen wird eine Reliquientafel mit dem frühgotischen Kreuz einer Äbtissin verwahrt. Unter dem Kreuz steht die heilige Kaiserin Helena. Die Tafel birgt eine große Zahl von schützenden Reliquien und Erinnerungszeichen an Heilige.

[2] Der Ackerboden über Brixen, eine von Gewittern oft heimgesuchte Gegend, und das Wetterkreuz

[1] *Klosn* in Stilfs

[2] *Egetmannumzug* in Tramin

[1] Das Klöckln in der Adventzeit, das jetzt nur noch an wenigen Orten gepflegt wird, so etwa in Schalders, gehört zu den geheimnisvollen Bräuchen, da so viele Elemente ineinander wirken: Vermummen, Ansingen im nächtlichen Dunkel, Rügen und Heischen, Absingen eines frommen Liedes über die Heilsgeschichte, gute Wünsche für Haus und Hof im neuen Jahr, Beschenktwerden.

[2] Der Nunnewieser in Terenten übt noch einen alten Brauch als Blitzabwehr, indem er ein geweihtes Osterei über das Scheunendach wirft und an der Stelle des Aufpralls vergräbt. Das Ei unter Futterbarren und Stalltüren galt als Schutz gegen Viehkrankheiten.

[1] In alter Zeit gab es im Lauf des Jahres verschiedene Feuerbräuche. Wir kennen noch das Scheibenschlagen im Vinschgau, das Herz-Jesu-Feuer, das im Lauf von hundert Jahren die Sonnwendfeuer abgelöst hat, und die Feuerweihe in der Osternacht.

[2] Die höchst seltene Darstellung des Herzens Jesu mit Leidenswerkzeugen auf einem Bild im Volkskundemuseum zu Dietenheim

Den meisten Bräuchen liegt ein tiefer, geheimnisvoller Sinn zu Grunde. Es ist ein Segnen der Schöpfung mit heiligen Zeichen zu geheiligten Zeiten. So auch die wichtigste Bittprozession im Land, die Kassiansprozession in Brixen, bei der die im Dom verwahrten Reliquien als verehrte Heiltümer durch die Stadt getragen werden.

[1] Der Domschatz von Brixen verwahrt eine seltsame und bedeutungsvolle Reliquie des heiligen Markus. Sie kam als Beute nach der ersten Türkenbelagerung von Wien in den Besitz des Weihbischofs Gregor Angerer und mit ihm 1532 nach Brixen. Das Ostensorium trägt zuoberst eine große Koralle, die von jeher und im Glauben besonders der Mittelmeervölker als Abwehr gegen den bösen Blick gilt (Mesnerwallfahrt am 25. April 2001).

[2] Auf dem Madonnenbild in Neustift trägt das Jesuskind eine Halskette mit Koralle.

[1] Fünf heilige Frauen werden am Altar der St.-Margarethen-Kirche zu Margen (Terenten) dargestellt: Barbara, Katharina, Magdalena, Margareth und Agnes.

[2] In der volksfrommen Verehrung der Heiligen Drei Jungfrauen von Meransen wird auch oft ein Rest von keltischer Religion, von Mutterrecht und weisen Druden vermutet.

[1] St. Martin in Matsch inmitten der geheimnisvollen Landschaft, geprägt seit dem frühen Mittelalter vom Zusammenspiel zwischen Adel und Kirche

[2] Das Kirchlein von St. Johann auf Karnol auf seinem seltsamen Kirchhügel verbirgt sicher Geheimnisvolles an der Stelle der abgekommenen Burg.

[3] Für das Volk in den Tälern um den Peitlerkofel *(il Pütja)* gilt er als Wetterberg.

[1] Das Höhenheiligtum Latzfonser Kreuz mit seinem Pilgerweg. Das Latzfonser Kreuz galt einst auch als Ort, wo Wetterhexen hinaufgebannt und somit unschädlich waren.

[2] Auf dem Weg nach Weißenstein trugen Pilger zu großer Buße Steine mit, die sie weit oben zu einem Haufen warfen, um sich dadurch gleichsam auch der Schuld zu entledigen, ähnlich früher beim *Opferstock* oberhalb von Taisten auf *Pregatmort* und auf dem Weg ins Zerzer Tal.

ÜBER DIE BERGE HINAUS ...

Am *Sam* ober dem Latzfonser Kreuz hin zum Kassianspitz
Kreuz im Gebirge – es heiligt das Land und weist »über die Berge hinaus ...«